Diogenes Taschenbuch 21989

Nicolas Gfeller

Eine kleine Geschichte der Ethik

*von Buddha
bis Ernst Bloch*

Diogenes

Diese Ausgabe erschien 1986
im Diogenes Verlag unter dem Titel
›Du sollst…‹
Bildnachweis am Schluß des Bandes
Umschlagillustration:
Hieronymus Bosch, ›Das jüngste Gericht‹
(Ausschnitt)

*Dieses Buch wäre ohne die Hilfe und die
Beratung von Dr. Hans Urs von Balthasar, Basel,
Dr. Manfred Züfle, Zürich,
und Herrn Felix Meisterhans
nicht zustandegekommen*

Veröffentlicht als Diogenes Taschenbuch, 1991
Alle Rechte vorbehalten
Copyright © 1986, 1991
Diogenes Verlag AG Zürich
60/91/24/1
ISBN 3 257 21989 X

Inhalt

Vorwort

Die Gebote sind keine Eigenart, keine Besonderheit der uns bekannten Kirchen. Gebote und Richtlinien für das richtige menschliche Verhalten sind älter als alle bekannten etablierten Glaubensgenossenschaften. Die Tafeln, die Moses vom Berg Sinai seinem Volk zurückbrachte, sind in diesem Sinn auch nichts Außergewöhnliches. Wie der Mensch sich dem Mitmenschen und seinem Gott – oder seinen Göttern – gegenüber zu verhalten habe, wußten auch die Ägypter, wußten die Assyrer, die Inder, die Griechen, wußten die Azteken ebenso wie die Germanen. Hinweise auf verbindende und verbindliche sittliche Normen sind ältester Bestand der Menschheit und überall zu finden.

Sie haben dabei nicht immer die Form von Geboten oder schriftlich fixierten Anleitungen zum sittlichen Verhalten. Sittliche Normen finden sich zum Beispiel auch im Mythos und im Märchen, in den mythologischen Erzählungen von Weltschöpfung, Weltordnung und Weltgericht, in der Dichtung, in den Epen und in der reichen mündlichen Überlieferung schriftloser Völker.

Ihrem Inhalt nach unterscheidet sich der Groß-
teil der mosaischen Gesetze also kaum von dem,
was auch andern altorientalischen Stämmen und
frühesten Kulturen als sittliches Gebot galt. Ein
Minimalethos des richtigen Benehmens gehört bei
allen Völkern und in allen, auch den ältesten,
einfachsten und primitivsten Religionen zum un-
erläßlichen Bestandteil einer sozialen Ordnung.
Das »Du sollst...« entstand ganz offensichtlich
aus einem elementaren Bedürfnis, das ein Zusam-
menleben von Gruppen überhaupt erst menschen-
möglich machte. »Du sollst nicht töten« gehört
dazu. Du sollst den andern in Ruhe lassen, ihn
weder bestehlen noch belügen, ihm weder übel
nachreden noch Unfrieden – ehelichen oder andern
– ins Haus tragen; auch das gehört dazu. Das sind
Minimalanforderungen, unerläßliche Bestandteile
einer Gemeinschaftsordnung. Wo diese Spielre-
geln nicht eingehalten werden, ist der Teufel los
und die Gemeinschaft in Gefahr.

Neu an den Zehn Geboten in dieser geschichtlichen Situation und in einer Zeit der Vielgötterei ist
lediglich die Forderung, neben Jahwe keinen andern Gott zu haben und sich von diesem einen Gott
kein Bildnis zu machen. Doch der Bund Jahwes
mit seinem auserwählten Volk, das sich selbst nur
langsam und auf Umwegen mit diesem Eingott-

Glauben, mit der Verheißung der Erlösung und mit der bedingungslosen Annahme dieses Gottes-bündnisses befreunden konnte, ist eine andere Geschichte.

Gebot und Freiheit

»Du sollst...« als Forderung allein hat zur Einhal-tung der Gebote auf die Dauer niemals genügt. Das »Du sollst...« ist kein kategorischer Imperativ, der menschlichen Vernunft von vorneherein ein-gegeben und dazu bestimmt, den Menschen nur das Gute tun zu lassen. »Du sollst...« ist eine Aufforderung, nicht mehr. Sie läßt dem Menschen die Freiheit, auch anders zu handeln, die Ordnung zu stören, das Böse zu tun.

Da das »Du sollst...« auch die Freiheit beinhal-tet, anders zu handeln, schließt das Gebot in fast jedem Fall, in fast allen Religionen eine Instanz oder einen Ort der ausgleichenden Gerechtigkeit ein. Die Vorstellung eines Gerichts und der Ver-geltung in einem irgendwie gearteten Jenseits spielt dabei eine entscheidende Rolle. So hat sich der Verstorbene im alten Ägypten in der Halle des Osiris einem Totengericht zu stellen und muß dort seinen einwandfreien sittlichen Wandel auf Erden beweisen, indem er sich der Reihe nach aller 42 möglichen Sünden unschuldig erklärt. In der Jenseitsvorstellung der Ojibwa-Indianer führt der Weg ins Paradies über einen geschälten, glitschigen Baumstamm, und nur der Tote, der tapfer gelebt hat, gleitet darauf nicht aus und fällt nicht in den Totenfluß. Bei Völkern und Religionsgemeinschaften, die kein Jenseits kennen, muß der sündig gewordene Mensch für seine Verfehlungen durch eine Reihe von Wiedergeburten büßen, bis er den Zustand der Läuterung und der Seligkeit erreicht hat.

Religion und Philosophie

Die Vorstellungen und Lehren vom richtigen Handeln waren lange Zeit eng mit dem Glauben und der Religion verknüpft. Ethik in diesem Sinn gehörte eben zum Leben und zum Alltag; Glaube und Ritus, Gesellschaftsordnung, Recht und sittliches Verhalten waren unlösbar miteinander verknüpft.

Erst die griechische Philosophie versucht, zunächst noch zaghaft, Ethik als eine selbständige Lehre vom verantwortlichen Handeln innerhalb des mitmenschlichen Seins zu entwickeln. Die differenzierte philosophische Besinnung auf die Stellung des Menschen Gott, der Welt und dem Mitmenschen gegenüber hat schließlich zur Ethik als Wissenschaft vom richtigen und verantwortungsvollen Handeln geführt. Die sokratische Frage nach dem wahren Menschsein regte dabei die platonische Auseinandersetzung um die rechte Ordnung des Staates an, und die von Platon geleistete »Vorarbeit« wiederum führte zur aristotelischen Forschung nach der Bedeutung und der Stufenordnung der menschlichen Tugenden. Dank der Philosophie emanzipiert sich die Ethik so zwar von der Religion, doch da sich die Philosophie über lange Zeit hinweg immer wieder auch mit der Frage nach dem höchsten Guten und nach Gott beschäftigt, spielt das Religiöse eben doch immer wieder auch in die philosophische Ethik hinein. Und umgekehrt: Judentum, christliche Theologie und Islam sind ihrerseits beeinflußt und geprägt durch den Hellenismus, durch griechische Philosophie und durch die in ihr entwickelte Ethik.

Vor allem in der Ethik sind Religion und Philosophie über Jahrhunderte hinweg nie säuberlich auseinanderzuhalten, und die Geschichte der abendländischen Philosophie und Theologie ist reich an gegenseitiger Beeinflussung und an Versuchen, die vielfältigsten Traditionen, Strömun-

11

gen und geistigen Neuschöpfungen zu verkraften, miteinander in Einklang zu bringen und in immer neue Formen zu gießen. Diese gegenseitige Abhängigkeit von Philosophie und Religion besteht sicher bis zu Kant, und sie besteht in der Negation auch noch bis zu Nietzsche und Kierkegaard. Ja selbst darin, daß man heute wieder zurückgreift auf die Lehren des Hinduismus und Buddhismus, daß man geheimnisvollen Gurus zu Füßen sitzt und ihren Weisheiten lauscht, manifestiert sich noch das Bedürfnis und das Verlangen nach religiöser oder mystischer Vertiefung der eigenen Lebenshaltung.

Die Ethik wurde und wird so aus den verschiedensten Quellen gespeist, und sie wird noch facettenreicher und widersprüchlicher durch die Vielzahl der Persönlichkeiten und Charaktere, die von der Philosophie, der Theologie oder von beidem her sich durch die Jahrhunderte mit Ethik beschäftigt haben.

Philosophie, Zeit und Moral

Daß es nicht einfach eine Ethik schlechthin, eine absolut verläßliche Lehre vom richtigen menschlichen Handeln und Tun gibt, liegt in dieser Vielfalt begründet. Die Vielfalt – mit all ihren Widersprüchlichkeiten – wiederum hat ihren tieferen Grund darin, daß der Mensch nicht nur, wie es Thomas von Aquin formuliert hat, »schwerfällig und in seinen Anstrengungen zum Guten träge ist« und deshalb immer wieder neue Anstöße zum guten Tun braucht, »sondern weil seine Natur durch die Erbsünde wesenhaft geschädigt wurde«. Wir wissen ganz einfach nicht, was der Mensch ist. Wir können daher auch nie verbindlich und für alle Zeiten sagen, was der Mensch tun soll.

Wüßten wir es, dann gäbe es keine Geschichte der Philosophie und wohl auch keine Geschichte; Geschichte als ein Versuch, »es« besser zu machen, und Philosophie als das unablässige Bemühen, den Menschen, sein Schicksal und seine Geschichte, sein Verhältnis zum Mitmenschen und zu Gott zu begreifen.

Die Philosophie wiederum – und mit ihr auch die Ethik und parallel dazu die Theologie – ist geprägt durch die Zeitumstände und die Geschichte. Jeder Epoche stellen sich die wesentlichen Fragen etwas anders. Jede Zeit sieht die Dinge in etwa richtig, aber zu jeder Zeit werden immer nur Teilaspekte des Ganzen, Teile der Wahrheit gesehen und in Betracht gezogen. Die Zeit ist nur »Bild und gleichsam Schatten der Ewigkeit«; dem Menschen offenbart sich das Ganze immer nur im Fragment (Hesiod).

Ethik als Disziplin der Philosophie und der Theologie kann sicher gewisse Wertmaßstäbe setzen, und die Geschichte der Ethik hat nicht nur schöne Theorien, sondern auch praktische Resultate gezeitigt: unsere demokratischen Verfassungen, die Menschenrechtskonventionen, Rechtsstaatlichkeit und sozialpolitische Fortschritte wären wohl undenkbar ohne die Anstöße, die von der Ethik ausgingen.

Aber philosophische wie theologische Ethik müßten zugleich, wenn sie sich richtig verstehen, immer wieder alles auch in Frage stellen können. Wo sie erstarrt, wird sie zur Alltags- und zur Gebrauchsmoral degradiert, zu einem festen Schema von gesellschaftlich »richtigen« Verhaltensweisen, zum »gesicherten« Besitz. Nun kann aber Ethik – und das ist das sozusagen Unmoralische an ihr – nie absolute Sicherheit und Gewissensruhe bieten; ihre Eigenheit und Aufgabe ist es geradezu, den Menschen zu verunsichern und ihn zu zwingen, sein Verhältnis zu den Dingen, zum Mitmenschen und zu Gott immer wieder von vorne und von neuem zu überdenken. *also eine veränderliche*

In diesem Sinn sind denn auch die Zitate in diesem Buch ausgewählt und kommentierend ein-

geleitet worden: nicht als Handbuch für ein richtig
gelebtes Leben, sondern als Anstoß zum eigenen
Nachdenken. *gut so!*

x *weil es das nicht all gemein gültig*
geben kann

Hinduismus

Der Hinduismus ist, als spezielle indische Erscheinung und als älteste heute noch praktizierte Religion, geworden, nicht gestiftet, und hat daher keine festumrissene Dogmatik. Der Hinduismus stellt in der Vorstellung von sich selbst die »ewige Religion« dar, die der Menschheit zu allen Zeiten die ewige Wahrheit in der ihr jeweils angemessenen Form übermittelt, und er nimmt als selbstverständlich an, daß immer wieder neue Lehrer auftreten, die die Wahrheit auf ihre Weise und der Zeit entsprechend verkünden.

Die religiöse Weisheit der Hindu, die Vorstellungen eines unvergänglichen, alles regierenden Weltgesetzes und die vielfältigen Anleitungen zu einem Leben, das über viele Wiedergeburten schließlich zur Erlösung führt, sind in den Weden, den Brahmanas und den Upanischaden niedergelegt, die in der Zeit zwischen 1500 und 500 v. Chr. entstanden. Alles Dasein ist Leiden, und Dasein und Schicksal des Einzelnen sind die notwendige Folge der Taten, die einer in seinem Leben vollbringt. »Wie einer handelt, wie einer wandelt, ein solcher wird er.« Die Aussicht, je nach Bewährung im jetzigen Leben auf höherer oder niederer Stufe

von neuem wiedergeboren zu werden, muß jedoch für den Hindu, der den Leidenscharakter allen Daseins so sehr betont, wenig erbaulich sein. Die Möglichkeit, mit dem Brahman – dem Weltprinzip und der Weltseele – eins zu werden, kann also nur darin bestehen, von jeder Handlung abzusehen und in völliger Askese zu leben. Askese allein genügt allerdings noch nicht; zu den großen Tugenden: Reinheit, Selbstbeherrschung, Abgeklärtheit, Gewaltlosigkeit und Barmherzigkeit muß das Wissen und die Einsicht in das Wesen des Brahman kommen: nur wer das Unvergängliche kennt, befreit sich aus dem ewigen Kreislauf der Wiedergeburten und wird der Erlösung teilhaftig.

Weder Nichtsein noch Sein war damals; nicht war der Luftraum noch der Himmel darüber. Was strich hin und her? Wo? In wessen Obhut? Was war das unergründliche tiefe Wasser? Weder Tod noch Unsterblichkeit war damals; nicht gab es ein Anzeichen von Tag und Nacht. Es atmete nach seinem Eigengesetz ohne Windzug dieses *Eine*.

Irgendein Anderes als dieses war weiter nicht vorhanden. Im Anfang war Finsternis in Finsternis versteckt; all dieses war unkenntliche Flut. Das Lebenskräftige, das von der Leere eingeschlossen war, das *Eine* wurde durch die Macht eines heißen

Dranges geboren. Über dieses kam am Anfang das Liebesverlangen, was des Denkens erster Same war. – Im Herzen forschend machten die Weisen durch Nachdenken das Band des Seins im Nichtsein ausfindig. Quer hindurch ward ihre Richtschnur gespannt. Gab es denn ein Unten, gab es denn ein Oben? Es waren Besamer, es waren Ausdehnungskräfte da. Unterhalb war der Trieb, oberhalb die Gewährung. Wer weiß es gewiß, wer kann es hier verkünden, woher sie entstanden, woher diese Schöpfung kam? Die Götter kamen erst nachher durch die Schöpfung dieser Welt. Wer weiß es dann, woraus sie sich entwickelt hat? Woraus diese Schöpfung sich entwickelt hat, ob er sie gemacht hat oder nicht – der der Aufseher dieser Welt im höchsten Himmel ist, der allein weiß es, es sei denn, daß auch er es nicht weiß.

Was jenseits von Recht und Unrecht liegt, jenseits von Tat und Unterlassung, jenseits von Vergangenheit und Zukunft, das schauest du, das sage mir.

Wenn er dann eingeschlafen, ganz versunken, kein Traumbild mehr wahrnimmt, das ist der unsterbliche, über Furcht Erhabene, das ist das Brahman.

Du mußt die aufrührerischen Sinne durch deinen Intellekt streng beherrschen, wie ein Vater seine Kinder beherrscht, die so leicht fallen können. Den Geist und die Sinne in einem einzigen Punkte (der Konzentration) zusammenzuziehen, ist die höchste Form der asketischen Haltung. Solches ist besser als irgendein anderer Weg der Vollkommenheit, es soll angeblich der höchste Weg dieser Art sein. Konzentriere die Sinne und den Geist im kontemplativen Intellekt, erfreue dich an dir selbst und setz dich nieder, ohne allzu vieles zu bedenken. Sobald die Sinne von ihren Weiden eingebracht und im Stalle eingeschlossen worden sind, wirst du aus deinem eigenen Selbst heraus das höchste ewige Selbst schauen, das Selbst des Alls, das Große Selbst, wie eine rauchlose Flamme.

Gleichwie ein mächtiger Baum, vollständig mit Blüten und Früchten und gar manchem Ast, von sich selbst nicht weiß, wo seine Blüten und Früchte sein mögen, so weiß auch das kleine Selbst nicht, wohin es geht oder woher es gekommen ist. Aber anders ist das innerste Selbst des Selbstes, welches alle Dinge überschaut. Entzünde die Lampe der Weisheit und erblicke das Große Selbst durch dein eigenes Selbst. Hast du das Große Selbst gesehen, weißt du alles, so werde du

Selbst-los, und wie eine Schlange, die ihre Haut abgestreift hat, entledige auch du dich allen Übels.

Von allen Geschöpfen gelten die beseelten als die besten, unter den beseelten Wesen wieder diejenigen, welche aus dem Verstande leben, von denen, die aus dem Verstande leben, die Menschen, und unter den Menschen sind die Brahmanen die besten. Schon die Geburt eines Brahmanen ist eine ewige Gestaltwerdung des *Dharma* (Gesetz); um des *Dharma* willen geboren, ist er dazu bestimmt, Brahman zu werden. Wenn ein Brahmane geboren wird, wird er als ein über die ganze Welt Erhabener geboren, er ist der Herr aller Geschöpfe, und er hat die Schatzkammer des *Dharma* zu hüten.

Alles, was auf der ganzen Welt existiert, ist Privateigentum des Brahmanen. Durch den hohen Vorzug seiner Geburt hat er auf alles Anspruch. Was er genießt, was er am Leibe trägt und was er weggibt, all das ist sein alleiniges Privateigentum, und erst durch die Gnade des Brahmanen können andere Menschen irgend etwas genießen.

Er (der Asket) wird weder Tod noch Leben begehren, vielmehr die ihm zugemessene Zeit erwarten, wie ein Diener seines Lohnes harrt. Er wird geduldig harte Worte ertragen und keinen geringschätzen, noch wird er aus Anhänglichkeit an den Leib gegen irgendwen Feindschaft hegen. Einem, der zornig auf ihn ist, wird er dafür keinen Zorn zeigen, und den, der ihn verflucht, wird er segnen, auch wird er nie ein unwahres Wort aussprechen. Ruhig sitzend, sich an den Dingen der Seele erfreund, für nichts Sorge tragend, kein Fleisch essend, mit der Seele als einziger Gefährtin, auf ewige Glückseligkeit trachtend, so wird er leben.

Indem er die Sinne zügelt, Zuneigung und Haß zerstört, keinem Lebewesen ein Leid antut, wird er sich der Unsterblichkeit anpassen.

Er wird verstehen, daß der Seele Verstricktsein im Leid – solange sie noch im Körper weilt – aus allem erwächst, was verschieden ist vom *Dharma,* und daß ihre Bindung an die Glückseligkeit ewig ist, weil *Dharma* ihr Ziel ist. Durch Yoga wird er die subtile Natur der höchsten Seele erfahren und wie sie alle Körper durchdringt, die niedrigsten so gut wie die höchsten.

Er wird diese erschaffene Wohnstatt aufgeben, deren Mittelpfeiler Gebein ist, die von Sehnen zusammengehalten wird, deren Mörtel Fleisch und Blut ist, deren Dach mit Haut gedeckt ist, die übelriechend ist und voll Urin und Kot, von Alter und Kummer verpestet, Wohnsitz der Krankheit, übel, ruhelos und vergänglich. Indem er so allmählich alle Bindungen aufgibt, von allen Gegensatzpaaren erlöst, wird er im Brahman weilen.

Gleichwie der Glanz der Sonne sichtbar ist, ehe die Sonne wirklich aufgeht, so erwächst auch das einleitende erhellende Wissen, das alle Dinge zu Objekten hat, ehe das höchste Wissen um den Unterschied zwischen Ewigem und Zeitlichem sich einstellt. Wenn dies eintritt, weiß er alles, ohne sich auf irgendeine andere Form yogischer Konzentration stützen zu müssen.

Wie ein Stück Gold oder Silber, das mit Erde bedeckt war, hell strahlt, wenn es gut gereinigt ist, so wird eine in einem Körper befindliche Seele, wenn sie ihre wahre Natur erkannt hat, isoliert, ihres Zieles teilhaftig und von Kummer frei.

Wenn einer, dem Yoga hingegeben, mit der wahren Natur seiner Seele wie mit einem Licht das wahre Wesen des Brahman schaut, dann erkennt er den, der von Ewigkeit besteht, fest und frei von allen Eigenschaften ist, und wird von allen Fesseln befreit.

Es ist besser, sein eigenes Gesetz *(Dharma)* unvollkommen, als das Gesetz eines anderen vollkommen auszuführen. Wenn man die durch die eigene Natur gesetzte Pflicht *(Karma)* verrichtet, zieht man sich keine Sünde zu. Man soll das seiner Natur angemessene Werk nicht aufgeben, mag es auch fehlerhaft sein. Wie das Feuer vom Rauch, sind alle Unternehmungen von Mängeln umhüllt.

Er, dessen Selbst durch Yoga in Einklang gebracht ist, sieht das Selbst in allen Wesen wohnen und alle Wesen im Selbst.

Krishna spricht: Wer keinem Wesen gegenüber böse gesinnt ist, wer freundlich und mitleidsvoll ist, frei von Egoismus und Selbstsucht, gleichmütig in Leid und Freude und geduldig ist, diesen Yogi, der stets zufrieden ist, selbstbezähmt und unerschütterlichen Entschlusses, der Sinn und Vernunft an mich hingegeben hat, ihn, meinen Verehrer, liebe ich. Er, vor dem die Welt nicht zurückweicht, und der frei von Freude und Zorn, Furcht und Aufregung ist, ihn liebe ich. Er, der nichts erwartet, der rein, geschickt im Handeln, unbekümmert und sorglos ist, der allen Unternehmungsgeist aufgegeben hat, ihn, meinen Verehrer, liebe ich. Er, der weder Freude hat, noch Haß empfindet, der weder trauert, noch begehrt, der dem Guten und dem Bösen abgeschworen hat, ihn liebe ich, der mir so ergeben ist. Er, der gegenüber Feind und Freund sich gleich verhält, auch gegenüber guter und schlechter Nachrede, und der in Kälte und Hitze, Freude und Schmerz derselbe bleibt, und der frei von Anhänglichkeit ist, er, der Tadel und Lob für gleich hält, der schweigsam ist, der sich mit allem begnügt, was ihm begegnet, der keine feste Heimstatt hat, jedoch festen Verstandes ist, ihn, den Hingegebenen, liebe ich. Diejenigen aber, welche gläubig, mich als ihr höchstes Ziel betrachtend, dieser unsterblichen Weisheit folgen, diese Hingegebenen liebe ich außerordentlich.

Die zehn Gebote des Manu: Seelenstärke, Geduld, Selbstbeherrschung, Achtung fremden Eigentums, Reinheit, Beherrschung der Sinne, Einsicht, Weisheit, Wahrheit und Meidung jeden Zorns.

Er soll das Wahre als Brahman verehren . . . Dieser möge das Selbst verehren, das aus Denken besteht, das den Atem als Leib hat, das Licht als Gestalt hat, das den Raum als Selbst hat, das nach Wunsch Gestalt annimmt, das schnell wie das Denken ist, das wahrhaften Entschluß hat, wahrhaften Mut hat, das alles riecht, alles schmeckt, das nach allen Himmelsrichtungen hin durchdrungen ist, das dieses All erlangt hat, das ohne Rede ist, das ohne

Absicht ist. Wie ein Reiskorn oder wie Gerste oder wie Hirse oder wie ein Hirsekorn, so ist dieser Mann im Selbst, der aus Gold besteht. Wie ein Licht ohne Rauch, so ist es größer als der Himmel, größer als der Raum, größer als diese Erde, größer als alle Wesen. Dies ist das Selbst des Atems. Dies ist mein Selbst. Zu diesem Selbst werde ich, von hier fortgehend, werden.

Buddha

Der Buddhismus geht auf den Mönch Siddhartha Gautama (vermutlich 560 bis 480 vor Christus) zurück und ist geistes- und religionsgeschichtlich aus dem Hinduismus hervorgegangen. Im Gegensatz zum Hinduismus ist jedoch der Buddhismus ursprünglich eine Religion ohne Gott, die dennoch an eine sittliche Weltordnung, an das Ideal sittlicher Vollkommenheit, an Wiedergeburt und Erlösung glaubt und damit eine eigentliche atheistische Religion darstellt.

Das Glaubensbekenntnis der Buddhisten läßt sich in den vier heiligen Wahrheiten zusammenfassen: Alles Leben ist Leiden; alles Leiden hat seine Ursache in der Begierde, im »Durst«; die Aufhebung dieser Begierde führt zur Aufhebung des Leidens, zur Unterbrechung der Kette der Wiedergeburten; der Weg zu dieser Befreiung ist der heilige, achtteilige Pfad. Die fünf Gebote, die der Buddhist einhalten soll, wenn er durch gerechten Lebenswandel zum Heil gelangen will, hat Buddha selbst so formuliert: Töte kein Lebewesen; Nimm nicht, was dir nicht gegeben; Sprich nicht die Unwahrheit; Trinke keine berauschenden Getränke; Sei nicht unkeusch.

Was kann ein Buddhist gewinnen, wenn es für ihn keine ewige Seligkeit, keinen Gott, keinen Himmel und keine Hölle gibt? Einzig mögliches Ziel bleibt das Nirwana, der » Zustand der Flamme, wenn sie erloschen ist«, und das ist das »Nichts«. Nichts ist der Zustand, in dem alle Begehren erloschen sind und der Mensch von der Kette der Wiedergeburten erlöst ist. Nirwana ist »Nichts« und »Frieden«, das einzige, was der Mensch erreichen kann. Die reine Lehre Buddhas erfuhr allerdings schon bald Veränderungen; es entstanden verschiedene Schulen, die Schulen institutionalisierten sich als eigentliche Kirchen mit unterschiedlichen Lehren, in denen Buddha selbst nun zu einem Gott wurde. Die Zitate stammen aus Schriften und Texten dieser späteren Schulen, wie sie aus der mündlichen Überlieferung gesammelt und zu einem Kanon heiliger Schriften zusammengefaßt wurden.

Durch den Glauben werdet ihr frei werden und über das Reich des Todes hinausgelangen.

Und was, ihr Mönche, sind die Verunreinigungen des Geistes? Gier und Habgier, Böswilligkeit, Zorn, Bosheit, Heuchelei, Groll, Neid, Geiz, Betrügerei, Verräterei, Störrischkeit, Ungestüm, Hochmut, Stolz, Eigendünkel und Trägheit.

Wenn ein Mensch denkt und weiß, daß alles dieses Verunreinigungen des Geistes sind, und wenn er sie abschüttelt, wird er von unwandelbarem Vertrauen auf den Buddha erfaßt und denkt: »So ist in der Tat der Herr, Arahant, ein vollkommener Buddha, ein Buddha, ein Herr.«

Durch Unwissenheit bedingt sind die Karma-Bildungen; bedingt durch die Karma-Bildungen ist das Bewußtsein; bedingt durch das Bewußtsein ist Geist-und-Körper; bedingt durch Geist-und-Körper sind die sechs Sinnesfelder; bedingt durch die sechs Sinnesfelder ist Eindruck; bedingt durch Eindruck ist Gefühl; bedingt durch Gefühl ist Begehren; bedingt durch Begehren ist Erraffen; bedingt durch Erraffen ist Werden; bedingt durch Werden ist Geburt; bedingt durch Geburt entstehen Altern und Sterben, Kummer, Sorge, Leiden, Jammer und Verzweiflung. So ist der Ursprung dieser ganzen Menge von Leiden.

Ich sehe nirgendwo ein anderes Hindernis, das so groß ist wie das der Unwissenheit und das die Menschheit so sehr behindert und zwingt, für lange, lange Zeit immer weiterzulaufen und weiterzukreisen.

Ein Bodhisattwa nimmt sich vor: Ich nehme die Last alles Leidens auf mich, dazu bin ich entschlossen, und ich will es alles ertragen. Ich kehre nicht um, noch laufe ich davon, ich zittere nicht, schrekke nicht zurück, noch fürchte ich mich, wende mich nicht ab, noch verzweifle ich.

Und warum? Es ist in mir der Wille aufgestiegen, Allwissenheit zu erlangen mit Bezug auf alle Wesen, das heißt, zu dem Zwecke, die ganze Welt der Wesen zu befreien. Und es war nicht der Wunsch nach Wonnen, weshalb ich auszog, die höchste Erleuchtung zu finden, nicht, weil ich die Wonnen der fünf Sinnesgebiete zu erfahren hoffe oder weil ich an den Sinnenfreuden mich zu weiden wünsche. Und ich verfolge nicht die Bahn eines Bodhisattwa, um alle die Wonnen zu erlangen, die in den verschiedenen Welten der sinnlichen Begierde gefunden werden können.

Und warum? Wahrlich sind diese Wonnen der Welt keine Wonnen. All dies Den-Sinnenfreuden-Frönen gehört in den Bannkreis des *Mara* (des Bösen).

Diese Verwerfung und Aufgabe des Körpers, diese Gleichgültigkeit dem Körper gegenüber, das ist für ihn die Vollkommenheit des Gebens.

31

Selbst wenn sein Körper zerfleischt wird, strahlt er gegen alle Wesen guten Willen aus und schrickt nicht vor dem Schmerz zurück; das ist für ihn die Vollkommenheit der Sittlichkeit.

Selbst wenn sein Körper zerfleischt wird, denkt er an die Befreiung selbst derer, die ihn zerfleischen, bleibt geduldig, verletzt sie nicht einmal in seinen Gedanken und offenbart die Macht der Geduld. Das ist für ihn die Vollkommenheit der Geduld.

Einer, der von der Leere aller Dinge überzeugt ist, wird nicht von weltlichen Dharmas gefangengenommen, weil er sich nicht auf sie stützt. Wenn er etwas gewinnt, frohlockt er nicht, wenn er etwas nicht gewinnt, ist er nicht niedergeschlagen. Der Ruhm macht ihn nicht stolz, der Mangel an Ruhm betrübt ihn nicht. Spott schüchtert ihn nicht ein, Lob beeinflußt ihn nicht. Vergnügen zieht ihn nicht an, Schmerz stößt ihn nicht ab. Wer auf diese Weise nicht von den weltlichen Dharmas gefangengenommen wird, der wird als einer bezeichnet, der die Leere kennt. Und so hat jemand, der von der Leere aller Dinge überzeugt ist, keine Neigungen und Abneigungen. Denn er weiß, daß das, was er gern haben würde, nur leer ist, und er sieht es als nur leer. Aber man bleibt der Leere fremd, wenn man irgendein Dharma gern hat oder nicht gern hat. Auch kennt man sie nicht, wenn man sich mit anderen streitet und zankt. Denn dann wüßte man ja, daß auch das nur leer ist, und sähe es als nur leer.

Das Gegengift für den Haß liegt in der Freundlichkeit und in dem Vermeiden unangenehmer Leute; auch in dem Vergnügen, das von Geselligkeit bei gemeinsamen Mahlzeiten usw. kommt. Freundlichkeit bedeutet, daß man das Wohlbefinden anderer erhofft, ersehnt, begehrt, sich daran ergötzt. Sie ist von sinnlichen Beweggründen, Leidenschaft oder Hoffnung auf Erwiderung unbefleckte Zuneigung.

So wie man Wasser, das in das Ohr eingedrungen ist, durch Wasser entfernen kann oder ein Dorn durch einen anderen Dorn entfernt werden kann, so entfernen jene, die wissend sind, die Leidenschaft durch eben die Leidenschaft. So wie ein Wäscher den Schmutz von einem Kleidungsstück durch Schmutz entfernt, so macht sich der Weise frei von Unreinheit durch ebendie Unreinheit.

Durch den Genuß aller Freuden, dem man sich, ganz wie man will, hingibt, durch solch eine Übung kann man im Nu Buddhaheit erreichen.

Durch den Genuß aller Freuden, dem man sich, ganz wie man will, hingibt, vereint mit der erwählten Gottheit, verehrt man sich selber, den Höchsten.

Es gelingt einem nicht dadurch, daß man sich einer scharfen Zucht und strengen Selbstqual hingibt; sondern dadurch, daß man sich dem Genusse aller Freuden hingibt, gelingt es einem schnell.

Sobald das Wort des Meisters in das Herz eindringt, scheint es, als halte man einen Schatz in der geballten Hand. Die Welt wird durch Falschheit versklavt, sagt Saraha, und der Tor erkennt nicht seine wahre Natur.

Ohne Meditieren, ohne Weltentsagung
Kann man zu Hause bleiben mit seiner Frau
zusammen.
Kann das vollkommenes Wissen genannt
werden, sagt Saraha,
Wenn man nicht befreit wird, während man
die Sinnenfreuden genießt?

Sein Stolz ist schuld, daß er nicht die Wahrheit sieht,
Und deshalb verlästert er wie ein Dämon alle

Arten und Weisen.
Die ganze Welt wird verwirrt von philosophischen Richtungen,
Und niemand wird seiner wahren Natur
gewahr.

Sie sehen die wahre Grundlage des Geistes
nicht,
Denn sie bedecken das Ingeborene mit der
dreifachen Fälschung.
Dort, wo der Gedanke aufsteigt und wo er
sich auflöst,
Dort sollst du verweilen, O mein Sohn.

Laß fahren Gedanken und Denken und sei
ganz wie ein Kind.
Sei der Lehre deines Meisters ergeben, und
das Ingeborene wird sich dir zeigen.
Es hat keine Namen, keine anderen Eigen-
schaften;
Ich habe gesagt, es kann nicht erkannt wer-
den durch Erörterung.
Wie kann dann der Oberste Herr beschrieben
werden?
Es ist wie eines Mädchens Erlebnis der
Seligkeit.
Vollkommen leer von den Vorstellungen des

Seins oder Nichtseins,
Ist dort die ganze Welt aufgesogen.
Denn wenn der Geist bewegungslos bleibt,
Wird man von den Qualen des Seins befreit.
Solange du das Höchste Eine nicht in dir
selbst erkennst,
Wie könntest du diese unvergleichliche Form
erlangen?
Ich habe gelehrt, daß dort, wo der Irrtum
aufhört,
Du dich selbst kennst als das, was du bist.

Lao Tse

Lao Tse, von dem man lediglich weiß, daß er ca. 600 vor Christus zur Welt kam, hat, zusammen mit Konfuzius, dem chinesischen Geist für seine ganze weitere Entwicklung die Richtung gegeben. Lao Tse ist der ältere von beiden, und er unterscheidet sich von Konfuzius vor allem durch die metaphysische Ausrichtung, die sein Denken und Philosophieren, seine Ethik und sein Verhältnis zu Umwelt, Staat und Gesellschaft nimmt.

Tao, der Grundbegriff der Philosophie des Lao Tse, bedeutet »Weg« und »Vernunft«. Tao ist Weg und Gesetz des Himmels, der unfaßliche Urgrund der Welt, das Gesetz aller Gesetze, das Maß aller Maße, vergleichbar dem »Absoluten« in der Sprache der europäischen Philosophie, und entsprechend ist das Tao unbegreiflich und nicht nennbar. »Tao ist verborgen, namenlos«, und »Ich weiß seinen Namen nicht, nenne es aber Tao.«

Wenn auch das Tao nicht eigentlich greifbar und erkennbar ist, so kann man seiner doch innewerden, indem man demütig und hingegeben sein Walten in den Gesetzen der Natur und des Weltablaufs erfühlt und zum Richtmaß des menschlichen Handelns macht. Das

allerdings verlangt, daß man sich innerlich radikal von
allem löst, was einen vom Weg des Tao ablenkt und den
Blick auf das Tao verstellt. Wer aber einmal die Wertlo-
sigkeit aller Dinge außer dem Tao erkannt hat, der kann
nicht eine Ethik des Handelns um des Handelns oder des
Erfolges willen lehren. Auf der andern Seite lehrt Lao
Tse auch nicht reine Weltflucht und Askese. Er strebt,
und das ist der Grundzug des Taoismus, nach der rechten
Mitte. Der Mensch soll in der Welt stehen und wirken,
aber so, daß er innerlich nicht von dieser Welt ist. Wes
Tun mit dem Tao übereinstimmt, der wird schließlich
eins mit dem Tao. Wer das höchste Ziel erreicht und
unter völliger Selbstentäußerung im Tao aufgeht, der
erlangt auch Unsterblichkeit. » Wer das Ewige kennt, ist
umfassend; umfassend, daher gerecht; gerecht, daher
König; König, daher des Himmels; des Himmels, daher
Taos; Taos, daher fortdauernd; er büßt den Körper ein
ohne Gefährde. «

Der Meister spricht: »Groß ist das Tao! Es über-
wölbt und erhält die gesamte Schöpfung. Der Edle
muß seinen Geist von allen persönlichen Begriffen
und Begierden reinigen. Durch Nichthandeln
handeln, heißt Himmel. Ohne Ausdruck ausdrük-
ken, heißt Charakter. Seine Mitmenschen lieben
und allen Gutes tun, heißt Menschlichkeit. Die

39

verschiedenen Dinge als gemeinsam betrachten, heißt groß. Sich nicht durch hervorstechendes Benehmen hervortun, heißt Weitherzigkeit. Vielfalt besitzen, heißt Reichtum. Darum: seinen Charakter bewahren, heißt Selbstzucht. Seinen Charakter entwickeln, heißt Macht besitzen. Dem Tao folgen, heißt vollständig sein. Wenn ein Edler diese zehn Leitsätze versteht, erlangt er Seelengröße, und alle Dinge vereinigen sich in ihm wie zu einem fließenden Strom. Dann läßt er das Gold in den Bergen und die Perlen im Meer. Er legt keinen Wert auf materielle Güter und hält sich abseits von Ehren und Reichtum. Er freut sich nicht über ein langes Leben, noch bedauert er, jung zu sterben. Er betrachtet hohe Stellungen nicht als Ehre, noch schämt er sich der Armut und des Mißerfolges. Er setzt seinen Sinn nicht auf den Reichtum der Welt, um ihn für sich zu verwenden. Er betrachtet die Herrschaft über die Welt nicht als seinen persönlichen Ruhm, und wenn er eine hervorragende Stellung bekleidet, sieht er die Welt als eine einzige Familie an. Für ihn sind Leben und Tod nur verschiedene Aspekte der gleichen Sache.«

Wenn die Menschen der Erde alle die Schönheit als Schönheit erkennen, entsteht die Erkenntnis der Häßlichkeit. Wenn die Menschen der Erde alle das

Gute als gut erkennen, entsteht die Erkenntnis des Bösen. Darum: Sein und Nichtsein hängen im Werden voneinander ab; Schwierig und Leicht hängen in der Durchführung voneinander ab; Lang und Kurz hängen im Gegensatz voneinander ab; Hoch und Niedrig hängen in der Lage voneinander ab; Töne und Stimmen hängen im Zusammenklang voneinander ab; Vorne und Hinten hängen im Zusammensein voneinander ab. Darum der Weise: Führt die Geschäfte ohne Tun; predigt die Lehre ohne Worte; alle Dinge steigen auf, aber er wendet sich von ihnen nicht ab; er gibt ihnen Leben, ergreift aber nicht Besitz von ihnen; er handelt, eignet sich aber nicht an; vollbringt, beansprucht aber keine Anerkennung; und weil er keinen Anspruch auf Anerkennung erhebt, kann die Anerkennung ihm nicht genommen werden.

Das, was niedrig ist, aber in Ruhe gelassen werden muß, ist der Stoff. Das, was gering ist, dem man aber doch folgen muß, ist das Volk. Das, was immer da ist, was man aber doch besorgen muß, sind Obliegenheiten. Das, was ungeeignet ist, aber dennoch festgesetzt werden muß, ist das Gesetz. Das, was fern vom Tao ist, aber doch erfüllt werden muß, ist die Pflicht. Das, was einseitig ist, aber verallgemeinert werden muß, ist die Wohltätigkeit. Das, was trivial ist, aber von innen heraus gestärkt werden muß, ist die Sitte. Das, was innerlich ist, aber nach außen treten muß, ist der Charakter. Das, was eines ist, aber nicht ohne Vielfalt, ist das Tao. Das, was geistig ist, aber nicht untätig bleiben darf, ist Gott.

Dreißig Speichen kommen in der Nabe zusammen; aus ihrem Nichtsein (dem Verlust ihres Einzeldaseins) entsteht der Nutzen des Rades. Knete ein Gefäß aus Ton: Aus seinem Nichtsein (in der Höhlung) entsteht der Nutzen des Gefäßes. Schneide Türen und Fenster in die Hauswand: Aus ihrem Nichtsein (dem leeren Raum) entsteht der Nutzen des Hauses. Darum: Das Sein der Dinge gibt uns Vorteil, und das Nichtsein der Dinge dient uns.

Vollkommenes Glück wird Erfolg genannt. Wenn die Alten von Erfolg sprachen, meinten sie nicht die Merkmale von Rang und Ehre; sie verstanden unter Erfolg den Zustand, in dem das eigene Glück vollkommen ist. Der heutige Mensch versteht unter Erfolg Rangabzeichen und Ehrenzeichen. Aber Rangabzeichen und Ehrenzeichen auf dem Leib eines Menschen haben mit seiner ursprünglichen Persönlichkeit nichts zu tun. Es sind Dinge, die ihm für einen gewissen Zeitraum geliehen sind.

Es gibt heute vollkommenes Glück

Wer das ewige Gesetz erkennt, ist duldsam; da er duldsam ist, ist er unparteiisch; da er unparteiisch ist, ist er königlich; da er königlich ist, ist er im Einklang mit der Natur; da er im Einklang mit der Natur ist, ist er im Einklang mit dem Tao; da er im Einklang mit dem Tao ist, ist er ewig, und sein ganzes Leben ist von Unheil bewahrt.

Verbannt die Weisheit, legt ab das Wissen, und das Volk wird hundertfältigen Nutzen haben; verbannt die »Menschlichkeit«, legt ab die »Gerechtigkeit«, und das Volk wird die Liebe zur Sippe wiedererlangen; verbannt die Schlauheit, legt ab die »Nützlichkeit«, und Diebe und Räuber werden verschwinden – da diese drei das Äußerliche betreffen und unzweckmäßig sind. Das Volk braucht etwas, auf das es sich verlassen kann: Offenbare dein einfaches Selbst. Umfasse deine Urnatur, beherrsche deine Selbstsucht, bezähme deine Begierden.

Wer andere erkennt, ist gelehrt. Wer sich selbst erkennt, ist weise. Wer andere besiegt, hat Muskelkräfte, wer sich selbst besiegt, ist stark. Wer zufrieden ist, ist reich. Wer entschlossen ist, hat Willensstärke. Wer seine Mitte nicht verliert, der dauert, wer stirbt, während seine Macht bleibt, hat ein langes Leben.

Tao kann nicht erreicht werden. Teh kann nicht erlangt werden. Gerechtigkeit kann mangelhaft sein, und Zeremoniell ist nur ein Mittel der Geziertheit. Darum heißt es: »Wenn Tao verlorengegangen ist, dann entsteht Teh; wenn Teh (Charakter) verlorengegangen ist, dann entsteht die Lehre von der Menschlichkeit; wenn die Menschlichkeit verlorengegangen ist, dann entsteht die Lehre von der Gerechtigkeit; wenn Gerechtigkeit verlorengegangen ist, dann entsteht die Lehre vom Zeremoniell.« Zeremoniell stellt das verwelkende Blühen des Tao dar und den Beginn des Weltchaos.

Wer am meisten liebt, gibt am meisten aus, wer viel anhäuft, verliert viel. Dem Zufriedenen widerfährt keine Schande; wer weiß, wann er aufhören soll, läuft keine Gefahr – er kann lange überdauern.

Es gibt keinen größeren Unsegen als Mangel an Zufriedenheit, keine größere Sünde als das Begehren nach Besitz. Darum soll der, welcher mit der Zufriedenheit zufrieden ist, immer zufrieden sein.

Je mehr Verbote es gibt, desto ärmer wird das Volk. Je mehr scharfe Waffen es gibt, desto größer ist das Chaos im Staate. Je mehr technische Fertigkeiten, desto mehr listige Dinge werden erzeugt. Je größer die Zahl der Satzungen, desto größer die Zahl der Diebe und Räuber. Darum spricht der Weise: Ich tue nichts, und das Volk wird von selbst gebessert. Ich liebe die Ruhe, und das Volk ist von selbst rechtschaffen. Ich mache keine Geschäfte, und das Volk wird von selbst reich. Ich habe kein Begehren, und das Volk wird von selbst schlicht und ehrlich.

Die Alten, die dem Tao zu folgen wußten, bezweckten nicht, das Volk aufzuklären, sondern es unwissend zu erhalten. Der Grund, weshalb es schwierig für das Volk ist, im Frieden zu leben, ist wegen zu vielen Wissens. Die, welche ein Land durch Wissen regieren wollen, sind des Volkes Fluch. Die, welche nicht versuchen, ein Land durch Wissen zu regieren, sind des Volkes Segen. Die, welche diese beiden Grundsätze kennen, kennen auch den alten Maßstab, und den alten Maßstab kennen, heißt die mystische Tugend. Wenn die mystische Tugend klar und weitreichend wird, und die Dinge zu ihrer Quelle zurückführt, dann, und nur dann, entsteht der Große Einklang.

Soldaten sind Waffen des Bösen, sie sind nicht die Waffen des Edlen. Wenn man nicht anders kann, als Soldaten zu verwenden, ist die beste Politik ruhige Zurückhaltung... Die Hinschlachtung von Scharen müßte voll Kummer betrauert werden, ein Sieg müßte mit dem Bestattungsritus gefeiert werden.

Es gibt keinen größeren Schaden für den eigenen Charakter als Tugendübung mit Absicht.

Es gibt nichts Weicheres als das Wasser, aber nichts ist ihm in der Überwindung des Harten überlegen, für welches es keinen Ersatz gibt. Daß Schwäche Stärke überwindet und Sanftheit Starre überwindet, weiß niemand nicht; niemand kann es in die Tat umsetzen. Darum sagt der Weise: »Wer die Verleumdung der Welt auf sich nimmt, ist der Bewahrer des Staates. Wer selbst die Sünden der Welt trägt, ist der König der Welt.« Gerade Worte scheinen krumm.

Ich habe drei Schätze; bewahre und hüte sie: Der erste ist die Liebe. Der zweite heißt: nie zu viel. Der dritte ist: nie der Erste sein. Durch Liebe hat man keine Angst, durch nie zu viel tun hat man Weite (der Kraftreserven), durch das sich nicht unterfangen, der Erste zu sein, kann man seine Anlagen entwickeln und reifen lassen.

Konfuzius

Kung-fu-tse, latinisiert Konfuzius (ca. 551 bis 478 vor Christus), hat wohl in der chinesischen Geistesgeschichte den größeren »Erfolg« gehabt als Lao Tse; die Tatsache, daß der Konfuzianismus durch Kaiser Han Wu-Ti 136 vor Christus gewissermaßen zur Staatsreligion erhoben wurde, hat dazu sicher beigetragen, aber die Erhebung hat wiederum ihren tieferen Grund: Die Hinwendung zum Menschen und auf das praktische Leben, wie sie in der Philosophie des Konfuzius immer wieder zum Vorschein kommt, entspricht dem chinesischen Philosophieren und der chinesischen Geisteshaltung eher als die metaphysische Hinwendung des Lao Tse zum Tao.

So hat denn Konfuzius weder eine Logik noch eine ausgebildete Metaphysik hinterlassen, und in seiner Ethik spielt das religiöse Moment keine Rolle mehr; er versucht den Menschen nicht durch Vorspiegelung göttlicher Strafen und Belohnungen zu bessern, sondern ihn durch vernünftige Einsicht davon zu überzeugen, daß er in seinem eigenen wie im allgemeinen Interesse ethisch richtig handeln muß. An unbedingt erster Stelle steht für Konfuzius jedenfalls die Wohlfahrt des Menschen, und

seine ganze Lehre ist im wesentlichen eine Sammlung von <u>*Verhaltensgrundsätzen*</u> *und moralischen Vorschriften, die diesem Ziel dienen, das heißt, sie ist hauptsächlich Ethik und – da Konfuzius den Menschen nie als isolierten Einzelnen, sondern immer im natürlichen Zusammenhang von Familie, Gesellschaft und Staat sieht – zugleich Gesellschaftslehre oder Politik.*

Dementsprechend ist das konfuzianische Ideal nicht der weltabgewandte, asketische Heilige, sondern der abgeklärte, Welt und Menschen kennende und in allem das richtige Maß haltende Weise. Und wie für das Leben des Einzelnen, so erhebt Konfuzius auch für das Leben der Gesamtheit die Forderung nach Rechtschaffenheit, Ernst, vorbildlichem Verhalten der Regierenden und Festhalten an den traditionellen Bindungen.

Wenn wir noch nicht einmal wissen, wie wir den Menschen dienen sollen, wie können wir wissen, wie wir den Geistern dienen? Wenn wir nichts über das Leben wissen, wie können wir etwas über den Tod wissen?

Nicht das soll einen bekümmern, daß man kein Amt hat, sondern das muß einen bekümmern, daß man dafür untauglich werde. Nicht das soll einen bekümmern, daß man nicht bekannt ist, sondern danach muß man trachten, daß man würdig werde, bekannt zu werden.

Bei wem der Gehalt die Form überwiegt, der ist ungeschlacht; bei wem die Form den Gehalt überwiegt, der ist ein Schreiber. Bei wem Form und Gehalt Gleichgewicht sind, der ist ein Edler.

Wenn die Alten die lichte Tugend offenbar machen wollten im Reiche, ordneten sie zuvor ihren Staat; wenn sie den Staat ordnen wollten, regelten sie zuvor ihr Hauswesen; wenn sie ihr Hauswesen regeln wollten, vervollkommneten sie zuvor ihre eigene Person; wenn sie ihre eigene Person vervollkommnen wollten, machten sie zuvor ihr Herz rechtschaffen; wenn sie ihr Herz rechtschaffen machen wollten, machten sie zuvor ihre Gedanken wahrhaftig; wenn sie ihre Gedanken wahrhaftig machen wollten, vervollständigten sie zuvor ihr Wissen.

Moses

Durch den Bund, den Gott am Sinai mit seinem auserwählten Volk schloß und der dem Volk Israels durch Moses (um 1225 vor Christus) bekanntgegeben und verkündet wurde, ist zugleich ein völlig neuer Gottesbegriff in die Welt gekommen, der eine entscheidende Trennungslinie zwischen den Religionen der Erde hergestellt hat. Der Gott Israels offenbart am Sinai seine Einzigkeit mit den Worten: »Ich bin, der ich bin.« Alles Leben hängt von ihm ab, alles Gute kommt von ihm. Er ist ein persönlicher Gott, der sich willentlich den Menschen zuwendet, in Gerechtigkeit, Zorn und Liebe. Die Welt, von ihm mit einem Ziel geschaffen, ist keine Täuschung, und die Geschichte ist kein in sich zurücklaufender Kreis. Am Ende eines langen Aufstiegs steht vielmehr die Verheißung des Reiches Gottes.

Die Einheit und Einigkeit Gottes spiegelt sich auch im Leben des Menschen. Das ganze Leben muß dabei geheiligt werden; zwischen einem sakralen und einem profanen Bereich gibt es keine Trennung. Darum vereinigt die Thora – als Lehre und Gesetz zugleich niedergelegt in den fünf Büchern Moses – bis ins kleinste gehendes Ritual und erhabene Ethik gleicherweise in *sich. Neben den Zehn Geboten stehen in der Thora Erläuterungen für die rechte Speisenzubereitung, das Almosengeben oder die Wiedergutmachung von Schäden. Neben der Thora (dem Gesetz, das die fünf Bücher Genesis, Exodus, Leviticus, Numeri und Deuteronomium umfaßt) ist es vor allem der Talmud, der das in der Bibel enthaltene Gesetz für das tägliche Leben anwendbar macht. Die Ausführungsbestimmungen zu den Vorschriften der Thora wurden im Lauf der Zeiten durch die Lehrer des Judentums, die Rabbiner, gesammelt und zusammengestellt; seine endgültige Fassung fand der Talmud im 6. Jahrhundert nach Christus.*

Die Stoffmassen des Talmud wiederum werden nach Halacha und Haggada gegliedert. Unter Halacha versteht man dabei den normativen, auf ein bestimmtes Tun oder Unterlassen gerichteten Teil des Talmud, Haggada bezeichnet den erzählenden Teil: Ethische Lehren, Weisheitssprüche, legendäre Geschichten, Gleichnisse, Predigten und allegorische Erzählungen. Religionsgesetzlich verbindlich ist nur die Halacha, während die Haggada mehr das Gemüt anspricht.

Und Mose berief ganz Israel und sprach zu ihnen: Höre, Israel, die Satzungen und Rechte, die ich euch heute verkünde; lernet sie und erfüllet sie getreulich! Der Herr, unser Gott, hat am Horeb

einen Bund mit uns geschlossen; nicht mit unsern Vätern hat der Herr diesen Bund geschlossen, sondern mit uns hier, die wir alle heute noch am Leben sind. Von Angesicht zu Angesicht hat der Herr aus dem Feuer heraus mit euch geredet auf dem Berge – ich aber stand damals zwischen dem Herrn und euch, um euch die Worte des Herrn zu verkünden; denn ihr waret voll Furcht vor dem Feuer und stieget nicht auf den Berg –, und er sprach:

Ich bin der Herr, dein Gott, der ich dich aus dem Lande Ägypten, aus dem Sklavenhause, herausgeführt habe; du sollst keine andern Götter neben mir haben. Du sollst dir kein Gottesbild machen, in keinerlei Gestalt, weder dessen, was oben im Himmel, noch dessen, was unten auf Erden, noch dessen, was in den Wassern unter der Erde ist. Du sollst sie nicht anbeten und ihnen nicht dienen; denn ich, der Herr, dein Gott, bin ein eifersüchtiger Gott, der die Schuld der Väter heimsucht bis ins dritte und vierte Geschlecht an den Kindern derer, die mich hassen, der aber Gnade übt bis ins tausendste Geschlecht an den Kindern derer, die mich lieben und meine Gebote halten.

Du sollst den Namen des Herrn, deines Gottes, nicht mißbrauchen; denn der Herr wird den nicht ungestraft lassen, der seinen Namen mißbraucht.

Achte auf den Sabbattag, daß du ihn heilig haltest, wie dir der Herr, dein Gott, geboten hat. Sechs Tage sollst du arbeiten und all dein Werk tun; aber der siebente Tag ist ein Ruhetag, dem Herrn, deinem Gott, geweiht; da sollst du keine Arbeit tun, weder du noch dein Sohn, noch deine Tochter, noch dein Sklave, noch deine Sklavin, noch dein Rind, noch dein Esel, noch all dein Vieh, noch der Fremdling, der innert deiner Tore ist, auf daß dein Sklave und deine Sklavin ruhen wie du. Und sei dessen eingedenk, daß du Sklave gewesen bist im Lande Ägypten und daß der Herr, dein Gott, dich von dannen herausgeführt hat mit starker Hand und ausgerecktem Arm. Darum hat dir der Herr, dein Gott, geboten, den Ruhetag zu halten.

Ehre deinen Vater und deine Mutter, wie dir der Herr, dein Gott, geboten hat, auf daß du lange lebest und es dir wohl ergehe in dem Lande, das der Herr, dein Gott, dir geben will.

Du sollst nicht töten.

Du sollst nicht ehebrechen.

Du sollst nicht stehlen.

Du sollst nicht falsches Zeugnis reden wider deinen Nächsten.

Du sollst nicht verlangen nach dem Weibe deines Nächsten und nicht begehren nach dem Hause oder Acker deines Nächsten, nach seinem Sklaven oder seiner Sklavin, nach seinem Rinde oder seinem Esel, nach irgend etwas, was dein Nächster hat.

Diese Worte redete der Herr auf dem Berge zu eurer ganzen Gemeinde, mitten aus dem Feuer, dem Gewölk und Dunkel, mit lauter Stimme, und weiter nichts. Und er schrieb sie auf zwei steinerne Tafeln und gab sie mir. (5. Mose, 5, 1–22)

Der Mensch ist für die Welt geschaffen worden, und nicht die Welt für ihn.

Jeder einzelne soll sich sagen: Für mich ist die Welt geschaffen, daher bin ich mit verantwortlich.

Die Gerechten in der Welt sind wie die Säulen eines Hauses.

Ohne Gesetz gibt es kein Leben.

Die Gerechten aller Völker sind Priester Gottes.

Dafür, daß du ertränkt hast, wird man dich ertränken, und die dich ertränkt haben, werden ertränkt werden.

Mit dem Maß, mit dem der Mensch mißt, wird auch er gemessen.

Wer eine Grube gräbt, fällt selbst in sie hinein, und wer einen Stein wälzt, auf den wälzt sich der Stein zurück.

Die Taten der Gerechten sind gewaltiger als die Erschaffung von Himmel und Erde.

Der Pfeilmacher wird durch einen Pfeil sterben.

Beachte die leichten Gebote genauso wie die schweren.

Du sollst der Gerechtigkeit nachjagen.

Solange wir die uns auferlegten Pflichten nicht erfüllt haben, können wir nicht glücklich sein.

Wenn nicht jetzt – wann dann?

Wenn ich mich nicht für mich einsetze – wer dann?

Wasser zerreibt Steine.

Hast du angefangen – so beende.

Geh zur Ameise, Fauler, betrachte ihre Lebensweise und werde klug!

Sorgen hilft nicht und rettet nicht vor dem Tode.

Es ziemt dem Klugen nicht, sich über das zu sorgen, was er verloren hat, sondern er soll das behüten, was ihm geblieben ist.

Durch Furcht verliert man die Hoffnung.

Der Wille ist jene höhere Kraft, die alles hervorbringt und alles bewegt.

Alles Seiende existiert durch den Willen und ist von ihm abhängig.

Es ist eine Schande für den Löwen, vor einem Fuchs zu weinen.

Besser gar nicht leben als ohne Selbstwürde und Stolz.

Nicht der ist ein Held, dem das Leben zu Ekel ist, sondern der, dem es teuer ist.

Die Welt besteht nur dank denen, die ihren Zorn beherrschen.

Wenn es auf der Welt das nicht gibt, was du begehrst – begehre, was es gibt.

Die Demut ist die Krone der Weisheit.

Freu dich mit deinem Teil und sei zufrieden mit wenigem.

Wenn du dich einer Stadt näherst, um gegen sie zu kämpfen, biete ihr zuvor den Frieden an.

Es ist erlaubt, zu lügen, wenn es gilt, zwischen einem Menschen und seinem Nächsten Frieden zu stiften.

Du sollst deinen Nächsten lieben wie dich selbst.

Beim Sturz deines Feindes sollst du nicht lachen, bei seinem Straucheln soll dein Herz nicht frohlocken.

Platon

Platon (427 bis 347 vor Christus) hat keine eigentliche Ethik hinterlassen, doch innerhalb der abendländischen Philosophie (und der Religions- und Geistesgeschichte überhaupt) hat er als erster in mehreren seiner Dialoge den Versuch unternommen, die durch bloßen Glauben und traditionelle Überzeugung überlieferten Gebote der Moral durch theoretische Untersuchungen zu überprüfen und verbindliche Begründungen für das Bestehen und den Inhalt bestimmter ethischer Forderungen zu liefern.

Ausgangspunkt für das gesamte Denken und Philosophieren Platons ist dabei seine Ideenlehre. »Wir nehmen eine Idee an, wo wir eine Reihe von Einzeldingen mit demselben Namen bezeichnen.« Ideen wiederum sind Formen, Gattungen, Allgemeinheiten des Seins, und sie haben metaphysische Realität. Die einzelnen Dinge vergehen, aber die Ideen bestehen als deren unvergängliche Urbilder weiter. Im Reich der Ideen nimmt die Idee des höchsten Guten die oberste Stelle ein. Sie ist gewissermaßen die Idee der Ideen. Das höchste Gute ist allem übergeordnet als sein oberster Zweck.

Die Ethik Platons ergibt sich aus der Verbindung dieser Idee des höchsten Guten mit seiner Auffassung, daß die unsterbliche Seele dasjenige am Menschen sei, mit dem er an der Welt der Ideen Anteil hat. Das Ziel des Menschen ist es, sich durch Erhebung in die übersinnliche Welt in den Besitz des höchsten Guten zu setzen. Tugend ist der Zustand der Seele, in dem sie diesem Ziel nahekommt. Tugend aber ist nur dann wirklich Tugend, wenn sie auf Einsicht gegründet ist, und sie ist, da sie einsichtig ist, auch lehrbar und erlernbar. Die vier Kardinaltugenden Weisheit, Tapferkeit, Besonnenheit und Gerechtigkeit und alles, was Platon zunächst am Einzelmenschen darlegt, kehren im Staat in vergrößertem Maßstab wieder. Der Mensch kann im Staat erst richtig verstanden werden und auch nur in ihm zur vollen Erfüllung kommen. Wie der Staat, so muß auch der Einzelne eine geordnete Politeia sein, und die Bedürfnisse der Gemeinschaft wiederum bestimmen das sittliche Verhalten jedes Einzelnen in einem Staat, dessen Aufbau und Funktion von der Idee des Guten her gesehen wird.

Ist es nun überhaupt Sache eines gerechten Mannes, sagte ich, irgendeinem Menschen zu schaden? »Gewiß, den Bösen und den Feinden muß man schaden.« Wenn man aber Pferden Schaden zufügt, werden sie dann besser oder schlechter? »Schlechter.« Müssen wir aber dasselbe nicht auch

von den Menschen sagen: wenn man ihnen Schaden zufügt, werden sie in ihrer menschlichen Tüchtigkeit schlechter? »Gewiß.« Ist aber die Gerechtigkeit nicht eine menschliche Tüchtigkeit? »Ja.« Die Menschen, denen man Schaden zufügt, müssen also ungerechter werden. »Ja.« Können denn aber die Musiker durch ihre Musik andere unmusikalisch machen? »Unmöglich.« Oder die Reiter durch ihre Reitkunst andere zu schlechten Reitern? »Nein.« Können also die Gerechten andere durch Gerechtigkeit zu Ungerechten machen? »Nein.« Denn ich meine, abzukühlen ist nicht Sache der Wärme, sondern ihres Gegenteils. »Ja.« Und feucht zu machen nicht die der Trockenheit, sondern ihres Gegenteils. »Ja.« Und zu schaden ist nicht die des Guten, sondern seines Gegenteils. »Offenbar.« Der Gerechte ist aber doch gut? »Gewiß.« Dann, ist es also nicht Sache des Gerechten, zu schaden, weder einem Freund noch sonst jemandem, sondern es ist die seines Gegenteils, des Ungerechten.

Darum, sagte ich, wollen also die Guten weder des Geldes noch der Ehre wegen regieren. Denn weder möchten sie offen für ihr Amt Bezahlung annehmen und deshalb Angestellte genannt werden noch wollen sie sich durch ihr Amt heimlich selbst bereichern und als Diebe bezeichnet werden. Aber auch nicht der Ehre wegen; denn ehrsüchtig sind sie nicht. Man muß also Zwang und Strafe gegen sie anwenden, wenn sie sich zum Regieren entschließen sollen. So kommt es denn, daß es für schimpflich gilt, wenn sich jemand freiwillig ans Regieren macht und nicht wartet, bis man ihn dazu nötigt. Die größte Strafe aber ist, von einem Schlechteren regiert zu werden, wenn man selbst nicht regieren will. Aus Furcht vor dieser Strafe, glaube ich, üben die anständig Denkenden, wenn sie regieren, ihr Herrscheramt aus; und dann gehen sie ans Regieren, nicht als ob das etwas Gutes wäre, und auch nicht, um es sich dabei wohl sein zu lassen, sondern weil es eben nötig ist und weil sie keinen Besseren als sie, ja nicht einmal einen Gleichwertigen wissen, dem sie es überlassen können.

Geh nun einen Schritt weiter und überlege dir folgendes: gibt es auch eine Aufgabe der Seele, die du mit gar nichts anderem auf der Welt erfüllen könntest? Zum Beispiel: für etwas sorgen oder regieren oder sich über etwas beraten und alles das? Könnten wir dies gerechterweise irgend jemand anderem anvertrauen als der Seele, und müssen wir nicht sagen, es sei ihr zu eigen? »Nein, wir können es sonst niemandem anvertrauen.« Und das Leben? Werden wir es nicht als die Aufgabe der Seele bezeichnen? »Ja.« So sagen wir auch, daß es eine besondere Tüchtigkeit der Seele gibt? »Ja.« Und wird nun die Seele ihre Aufgaben jemals gut erfüllen können, wenn sie ihrer besonderen Tüchtigkeit beraubt ist, oder ist das unmöglich? »Unmöglich.« Die schlechte Seele wird also notwendig schlecht regieren und sorgen, während die gute das alles gut verrichtet. Nun haben wir doch zugegeben, daß Gerechtigkeit die Tüchtigkeit der Seele ist, Ungerechtigkeit dagegen ihre Schlechtigkeit? »Ja.« Die gerechte Seele und der gerechte Mensch werden also gut leben, der ungerechte aber schlecht. Wer aber gut lebt, der ist doch selig und glücklich, wer nicht, das Gegenteil. Der Gerechte ist also glücklich, und der Ungerechte unglücklich. Unglücklichsein bringt aber keinen Lohn, Glücklichsein dagegen wohl. Dann ist also Ungerechtigkeit niemals lohnender als Gerechtigkeit.

Gesundheit bewirken heißt aber: die Teile in unserem Leibe so anordnen, daß sie der Natur gemäß herrschen und voneinander beherrscht werden; Krankheit bewirken aber, daß sie gegen die Natur regieren und voneinander regiert werden. Und Gerechtigkeit bewirken, heißt doch hinwiederum:

die Teile in der Seele so anordnen, daß sie der Natur gemäß herrschen und voneinander beherrscht werden; Ungerechtigkeit aber, daß sie gegen die Natur regieren und voneinander regiert werden. Tüchtigkeit wäre dann also offenbar eine Art Gesundheit und Schönheit und Wohlbefinden der Seele, Schlechtigkeit aber wäre Krankheit, Häßlichkeit und Schwäche. Und führen nicht die schönen Bestrebungen zum Besitz von Tüchtigkeit, die häßlichen dagegen zu dem von Schlechtigkeit? »Ja.« Du nennst doch etwas ›gut‹ und etwas ›schlecht‹? »Ja.« Und du verstehst darunter dasselbe wie ich; alles, was zugrunde richtet und zerstört, ist das Schlechte, was aber erhält und fördert, ist das Gute. »Ja.« Und bist du auch der Meinung, daß es für jegliches ein Schlechtes und ein Gutes gibt? Für die Augen zum Beispiel die Augenentzündung, für den Leib überhaupt die Krankheit, für das Getreide den Mehltau, für das Holz die Fäulnis, für Erz und Eisen den Rost, und so fast für alle Dinge, wie gesagt, ein Übel und eine Krankheit, die einem jeden von Natur zugeordnet ist. »Ja.« Wenn nun etwas von dem an irgend etwas herantritt, so macht es das, woran es herantritt, mangelhaft, und schließlich löst es das auf und richtet es zugrunde. Das einem jeden Ding von Natur zugeordnete Übel und die eigene Mangelhaftigkeit richten also jegliches zugrunde. Wenn aber diese es nicht zerstören, dann kann auch nichts anderes es verderben. Denn das Gute wird gewiß nie etwas zugrunde richten, sowenig wie das, was weder schlecht noch gut ist. Wenn wir also unter dem Seienden etwas finden, das zwar ein Übel hat, durch das es zerrüttet wird, das aber doch nicht imstande ist, es zu zerstören, so wissen wir doch auch, daß es für etwas, das von Natur so ist, keinen Untergang gibt? »Ja.«

Deshalb muß jeder von uns vor allem darum besorgt sein, daß er alle anderen Lehrstücke zurücksetze und nur dieses eine Lehrstück suche und lerne: wie er zu erfahren und herauszufinden imstande ist, wer ihm die Fähigkeit und das Wissen vermittelt, die gute Lebensweise von der schlechten zu unterscheiden und nach Möglichkeit stets und überall die bessere zu wählen, indem er bei sich überdenkt, wie sich alles das, was wir nun gesagt, was wir zusammengestellt und unterschieden haben, auf die Tüchtigkeit des Lebens auswirkt, und zu wissen, was Schönheit, gemischt mit Armut und Reichtum und verbunden mit der oder jener Verfassung der Seele, Schlechtes oder Gutes ausrichtet, und was edle oder geringe Herkunft, was Zurückgezogenheit oder Teilnahme an öffentlichen Ämtern, was körperliche Kraft oder Schwäche, Leichtigkeit im Lernen oder Ungelehrigkeit, und was alles andere von dieser Art, das die Seele von Natur oder selber erworben hat, für eine Wirkung ausüben, wenn sie miteinander vermischt werden. Hat er sich dann alles das überlegt, so sollte er imstande sein, im Blick auf die Natur der Seele, zwischen der besseren und der schlechteren Lebensweise zu wählen, indem er die als die schlechtere bezeichnet, die seine Seele dazu bringt, daß sie ungerechter wird, als die bessere aber jede, die sie gerechter macht; auf alles andere aber wird er keine Rücksicht nehmen; denn wir haben gesehen, daß dies für ihn im Leben und nach dem Tode die beste Wahl ist. An dieser Meinung müssen wir also eisern festhalten, wenn wir in den Hades hinabsteigen, damit wir uns auch dort von Reichtümern und derartigen Übeln nicht verwirren lassen und damit wir nicht in ein Tyrannenleben und in ähnliche Handlungen verfallen und damit viele heillose Übel anrichten und noch größere selbst zu leiden haben, sondern daß wir es verstehen, unter diesen Lebensläufen den zu wählen, der stets die Mitte hält, und das Übermaß nach beiden Seiten zu vermeiden, schon in diesem Leben, soweit das möglich ist, als auch in jedem späteren. Denn so wird der Mensch am glücklichsten.

Aristoteles

Von Aristoteles (384 bis 322 vor Christus) stammt die erste eigentliche, logisch-systematisch aufgebaute Ethik, und sie ist lange Zeit auch die einzige geblieben, bis sie Thomas von Aquin im 13. Jahrhundert wieder aufgriff. Aristoteles unterscheidet sich in seinem philosophischen Denken nicht so sehr in inhaltlicher als vielmehr in formaler und methodischer Hinsicht von seinem Lehrmeister Platon. Während in jedem platonischen Dialog immer fast alles abgehandelt wird, das Wahre, das Gute und das Schöne, und weil es gerade deshalb manchmal schwierig ist, das platonische Denken in den Griff zu bekommen, gibt es nun bei Aristoteles detaillierte Einzelabhandlungen über die Logik, die Seele, die Literatur, über die Politik, die Physik und die Metaphysik und folgerichtig auch eine Abhandlung über das gute Tun, also eine Ethik. Die aristotelische Ethik ist dabei weniger nach der bei Platon alles beherrschenden Idee des Guten ausgerichtet, als vielmehr nach der Vernunft. Für jedes Lebewesen besteht die Vollkommenheit in der vollkommenen Ausbildung der ihm eigentümlichen Tätigkeit. Da der Mensch in erster Linie Vernunftwesen ist, besteht die Vollkommenheit in der höchsten Ausbil-

dung seiner Vernunft; darin besteht die Tugend. Vernunftgemäße Tätigkeit und tugendhaftes Handeln sind identisch; tugendhaftes, weil vernünftiges Handeln wiederum ist die Voraussetzung zur Erreichung des höchsten Gutes, die nach der Vorstellung des Aristoteles eine Form der Glückseligkeit darstellt, die nahe an die göttliche Vernunft heranreicht. Die Vernunft soll teils die niederen Funktionen und Triebe des Menschen beherrschen, teils soll sie zur Steigerung und Vervollkommnung der Vernunft selbst beitragen. Auf dieser zweifachen Aufgabe beruhen die beiden Arten der Tugenden, die praktischen oder ethischen und die dianoëtischen Tugenden. Das Wesen der ethischen Tugenden liegt vor allem in der Einhaltung der Mitte zwischen zwei Extremen des praktischen Verhaltens: Die Tapferkeit ist die Mitte zwischen Tollkühnheit und Feigheit, die Selbstbeherrschung ist die Mitte zwischen Zügellosigkeit und Stumpfsinn, und so fort. Die dianoëtische Tugend ist das richtige Verhalten der theoretischen Vernunft, die Erforschung der Wahrheit um ihrer selbst willen und die Suche nach dem richtigen Maß in Handeln und Schaffen.

Wenn es nun wirklich für die verschiedenen Formen des Handelns ein Endziel gibt, das wir um seiner selbst willen erstreben, während das übrige

nur in Richtung auf dieses Endziel gewollt wird, und wir nicht jede Wahl im Hinblick auf ein weiteres Ziel treffen – das gibt nämlich ein Schreiten ins Endlose, somit ein leeres und sinnloses Streben –, dann ist offenbar dieses Endziel »das Gut«, und zwar das oberste Gut.

Wir müssen nun versuchen, dies noch weiter zu klären. Es gibt offenkundig mehrere Ziele. Manche wählen wir um weiterer Ziele willen, zum Beispiel Geld, Flöten, überhaupt Werkzeuge. Nicht alle Ziele also sind Endziele. Das oberste Gut aber ist zweifellos ein Endziel. Daher der Schluß: wenn es nur ein einziges wirkliches Endziel gibt, so ist dies das gesuchte Gut, wenn aber mehrere, dann unter diesen das vollkommenste. Als vollkommener aber bezeichnen wir ein Gut, das rein für sich erstrebenswert ist gegenüber dem, das Mittel zu einem anderen ist.

Als solches Gut aber gilt in hervorragendem Sinne das Glück. Denn das Glück erwählen wir stets um seiner selbst willen und niemals zu einem darüber hinausliegenden Zweck. Vielleicht ist aber die Gleichsetzung von Glück und oberstem Gut nur ein Gemeinplatz und es wird eine noch deutlichere Antwort auf die Frage nach seinem Wesen gewünscht. Dem kann entsprochen werden, indem man zu erfassen sucht, welches die dem Menschen eigentümliche Leistung ist.

Wir nehmen nun an, daß die dem Menschen eigentümliche Leistung ist: ein Tätigsein der Seele gemäß dem rationalen Element oder jedenfalls nicht ohne dieses. Ist das nun richtig und setzen wir als Aufgabe und Leistung des Menschen eine bestimmte Lebensform und als deren Inhalt ein Tätigsein und Wirken der Seele, gestützt auf ein rationales Element, als Leistung des hervorragenden Menschen dasselbe, aber in vollkommener und bedeutender Weise, und nehmen wir an, daß alles seine vollkommene Form gewinnt, wenn es sich im Sinne seines eigentümlichen Wesensvorzugs entfaltet. So gewinnen wir schließlich als Ergebnis: das oberste dem Menschen erreichbare Gut stellt sich dar als ein Tätigsein der Seele im Sinne der ihr wesenhaften Tüchtigkeit. Gibt es aber mehrere Formen der Tüchtigkeit, dann im Sinne der vorzüglichsten und vollendetsten.

Mit denen nun, die das Glück als sittliche Vortrefflichkeit oder irgendeinen der sittlichen Vorzüge bezeichnen, stimmt unsere Definition überein, denn zu sittlicher Trefflichkeit gehört das Tätigsein in ihrem Sinn. Der Unterschied ist gewiß nicht klein: ob man das oberste Gut im Besitzen oder Benützen, in einem Zustand oder in aktiver Verwirklichung erkennt.

Daraus erwächst nun auch die Frage, ob man glücklich werden kann durch Lernen oder Gewöhnen oder sonstwie durch Übung, oder ob uns das Glück zuteil wird durch eine Gabe der Gottheit oder etwa gar durch Zufall. Die Tüchtigkeit ist also zweifach: es gibt Vorzüge des Verstandes (dianoëtische) und Vorzüge des Charakters (ethische). Die ersteren nun gewinnen Ursprung und Wachstum vorwiegend durch Lehre, weshalb sie Erfahrung und Zeit brauchen, die letzteren sind das Ergebnis von Gewöhnung. Daher auch der Name (ethisch, von ethos), der sich mit einer leichten Variante von dem Begriff für Gewöhnung (ethos) herleitet. Somit ist auch klar, daß keiner der Charaktervorzüge uns von Natur eingeboren ist.

Dies wird auch bestätigt durch eine Tatsache des staatlichen Lebens: die Gesetzgeber suchen die Bürger durch Gewöhnung zu veredeln, und dies ist die Tendenz eines jeden Gesetzgebers. Wenn er dabei nicht richtig verfährt, so verfehlt er sein Ziel, und so kommt es zu dem Unterschied zwischen guter Verfassung und verfehlter Verfassung. Ferner: aus denselben Ursachen und durch dieselben Mittel entsteht jeweils die sittliche Tüchtigkeit und vergeht sie auch wieder. Denn durch das Verhalten in den Alltagsbeziehungen zu den Mitmenschen werden die einen gerecht, die anderen ungerecht. Und durch unser Verhalten in gefährlicher Lage, Gewöhnung an Angst oder Zuversicht, werden wir entweder tapfer oder feige. Dasselbe trifft zu bei den Regungen der Begierde und des Zorns: die einen werden besonnen und gelassen, die andern hemmungslos und jähzornig, je nachdem sie sich so oder so in der entsprechenden Lage benehmen. Mit einem Wort: aus gleichen Einzelhandlungen erwächst schließlich die gefestigte Haltung. Ob wir also gleich von Jugend auf in dieser oder jener Richtung uns formen – darauf kommt es nicht wenig an, sondern sehr viel, ja alles.

Der Teil der Philosophie, mit dem wir es hier zu tun haben, ist nicht wie die andern rein theoretisch – wir philosophieren nämlich nicht, um zu erfahren, was ethische Werthaftigkeit sei, sondern um wertvolle Menschen zu werden. Als erste Erkenntnis nun ist festzuhalten die, daß alles, was irgendwie einen Wert darstellt, seiner Natur nach durch ein Zuviel oder ein Zuwenig zerstört werden kann. Wer vor allem davonläuft und sich fürchtet und nirgends ausharrt, wird ein Feigling. Wer überhaupt vor nichts Angst hat und auf alles losgeht, der wird ein sinnloser Draufgänger. Wer sich in jeden Genuß stürzt und sich nichts versagt, wird haltlos, wer jeden meidet wie die Spießer, wird stumpfsinnig. So wird denn besonnenes und mannhaftes Wesen durch das Zuviel und das Zuwenig zerstört, dagegen bewahrt, wenn man der rechten Mitte folgt. So ist es nun auch bei den sittlichen Werten: indem wir uns sinnliche Genüsse versagen, werden wir beherrscht, und sind wir's einmal geworden, so haben wir am ehesten die Kraft, uns ihrer zu enthalten. Bei der Tapferkeit ist es nicht anders: indem wir uns daran gewöhnen, Gefahren zu verachten und sie zu meistern, werden wir tapfer, und sobald wir es sind, können wir ihrer am sichersten Herr werden. So ist denn die sittliche Tüchtigkeit eine Art von Mitte, insofern sie eben wesenhaft auf das Mittlere abzielt. Indes kann unsere Theorie der Mitte nicht auf jedes Handeln und auf alle irrationalen Regungen angewendet werden, denn letztere schließen bisweilen schon in ihrem bloßen Namen das Negative ein, zum Beispiel Schadenfreude, Schamlosigkeit, Neid – und auf der Seite des Handelns: Ehebruch, Diebstahl, Mord. All diese und ähnliche Dinge werden ja deshalb getadelt, weil sie in sich negativ

sind und nicht nur dann, wenn sie in einem über-
steigerten oder unzureichenden Maße auftreten. Es
ist also unmöglich, hier jemals das Richtige zu
treffen: es gibt nur das Falschmachen. Und es ist
auch über den sittlichen oder unsittlichen Charakter solchen Tuns kein Schwanken möglich, etwa
ob es Ehebruch mit der richtigen Frau oder zur
rechten Zeit oder in der richtigen Weise gebe –
sondern das einfache Vollziehen irgendeiner derartigen Handlung bedeutet falsches Handeln. Ähn-
lich sinnlos ist ferner die Annahme, es gebe beim
ungerechten, feigen und wollüstigen Handeln
Mitte, Übermaß und Unzulänglichkeit, denn auf
diese Weise käme man zum Ansatz einer Mitte
auch für Übermaß und Unzulänglichkeit und weiter zum Übermaß des Übermaßes und zur Unzulänglichkeit der Unzulänglichkeit.

Wer aber ein aktives Leben des Geistes führt und
den Geist pflegt, von dem darf man sagen, sein
Leben sei aufs beste geordnet und er werde von den
Göttern am meisten geliebt. Denn wenn die Götter, wie man glaubt, sich irgendwie um menschliches Tun und Treiben kümmern, so darf man mit
Grund annehmen, daß sie sich nicht nur über das
freuen, was den höchsten Wert darstellt und ihnen
am verwandtesten ist – das aber ist der Geist –,

sondern auch, daß sie dem Menschen, der dieses Höchste am meisten liebt und schätzt, mit Gutem vergelten, weil er sich um das bemüht, was ihnen, den Göttern, nahesteht und weil sein Handeln richtig und wertvoll ist. Daß dies aber im höchsten Grade bei dem Philosophen zu finden ist, darüber besteht kein Zweifel.

Ist es nicht bekanntlich so, daß beim menschlichen Handeln das Ziel nicht darin besteht, die einzelnen Dinge zu betrachten und zu erkennen, sondern sie vielmehr handelnd zu verwirklichen? Und auch bei den ethischen Werten reicht es nicht aus, von ihnen zu wissen, sondern man muß versuchen, sie zu haben und in die Tat umzusetzen oder auf irgendeine Weise ein trefflicher Mensch zu werden.

Christus

Christus ist, theologisch gesehen, keine Figur, die eine neue Ethik gebracht hätte, sondern der menschgewordene Gott selbst. Das ist das grundsätzlich Neue und andere an der Person Christus. Für die Ethik bedeutet das zweierlei: die Zeit des alttestamentarischen Gesetzes und der Propheten ist zu Ende, die kultische und moralische Leistungsreligion wird aufgehoben und abgelöst; an die Stelle des Gesetzes Mosi tritt jetzt die neue Ordnung der Gottesherrschaft mit ihren beiden Grundgeboten der Liebe Gottes und der Liebe des Nächsten. Dieses Gebot der Liebe ist in beiden Fällen absolut. Gegenüber Gott versteht sich das von selbst, da Gott nicht gefordert, sondern nur geglaubt und geliebt werden kann; Liebe und Glauben fallen deshalb schon im Alten Testament zusammen. Das unerhört Neue in Christus aber ist nun, daß er die genau gleiche Liebe auch dem Mitmenschen gegenüber verlangt. »Du sollst deinen Nächsten lieben wie dich selbst« steht zwar schon im Alten Testament, aber jetzt wird dieses Gebot absolut vertieft im Hinblick auf die Gotteskindschaft aller Menschen; die Hingabe an Gott wird ergänzt durch das Gebot der Hingabe an den Nächsten.

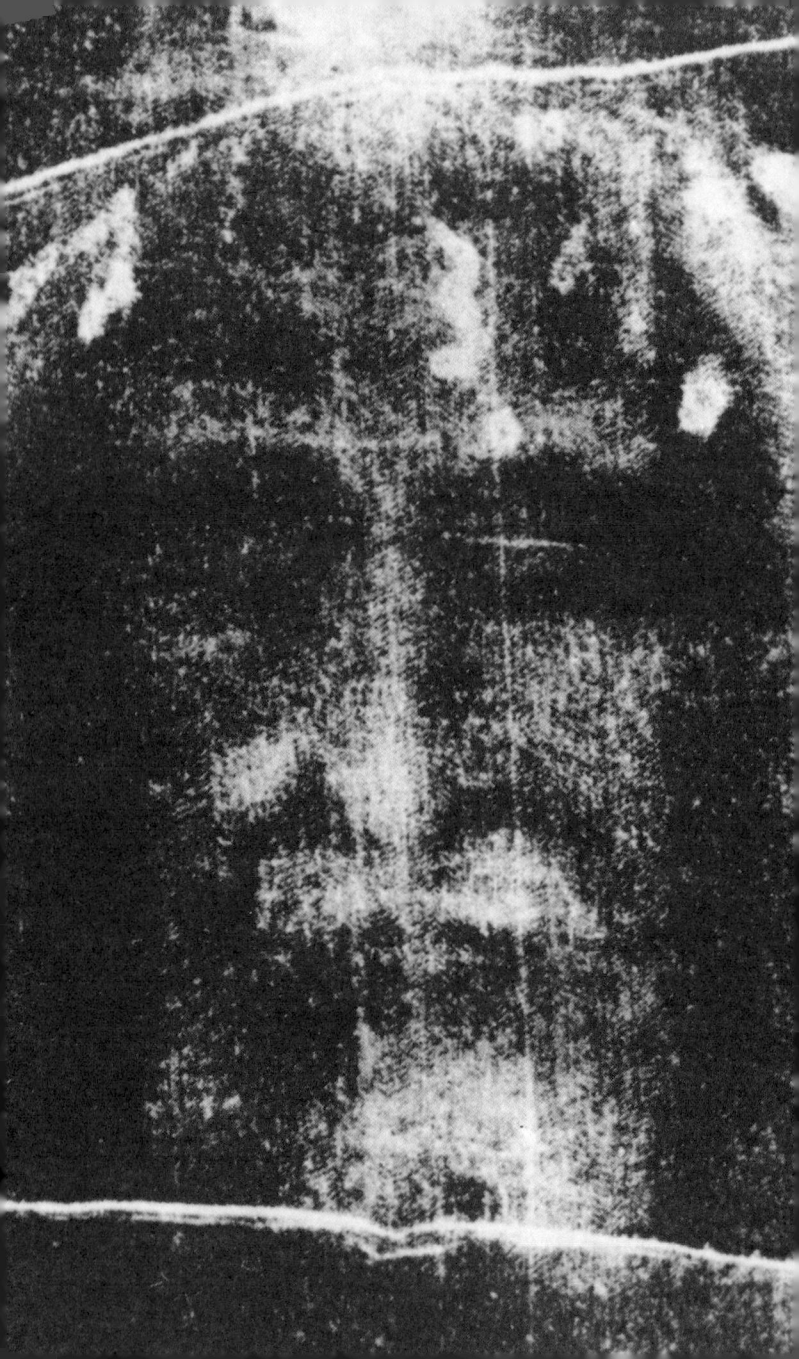

Aber diese religiöse Liebesethik hat noch eine andere
Seite: Sie steht im Gegensatz zu jeder philosophischen
Ethik, im Gegensatz zu allen moralischen Vorschriften,
die sich auf eine vernünftige oder metaphysische Begrün-
dung berufen. Christus ruft den Menschen zu sich, in
seine Nachfolge; Gottes Willen tun heißt ihm nachfol-
gen, sein Jünger werden, weil er der entscheidende,
letztlich allein gültige Offenbarer des Willens Gottes ist.
Hier geht es also nicht, wie in der Schule antiker
Philosophen, um gemeinsame Erkenntnis des Guten,
hier wird die Hingabe der eigenen Existenz an Christus
gefordert. Diese zunächst rein religiös ausgerichtete
Liebesethik hat im folgenden allerdings auch das ganze
philosophische Denken in neue Bahnen gelenkt.

Die beiden Dinge, griechische Philosophie und
christliche Ethik beeinflussen von nun an das gesamte
ethische Denken und Philosophieren bis in die Neuzeit;
als erster versucht Kant sich von dieser Verbindung von
Glaube und Philosophie zu lösen, doch in der Negation
ist dieser Einfluß auch noch bei Nietzsche und Kierke-
gaard zu spüren.

Als er aber die Volksmenge sah, stieg er auf den
Berg; und als er sich gesetzt hatte, traten seine
Jünger zu ihm. Und er tat seinen Mund auf, lehrte
sie und sprach:

Selig sind die geistlich Armen; denn ihrer ist das Reich der Himmel.

Selig sind die Trauernden; denn sie werden getröstet werden.

Selig sind die Sanftmütigen; denn »sie werden das Land besitzen«.

Selig sind, die hungern und dürsten nach der Gerechtigkeit; denn sie werden gesättigt werden.

Selig sind die Barmherzigen; denn sie werden Barmherzigkeit erlangen.

Selig sind, die reinen Herzens sind; denn sie werden Gott schauen.

Selig sind die Friedfertigen; denn sie werden Söhne Gottes heißen.

Selig sind, die um der Gerechtigkeit willen verfolgt werden; denn ihrer ist das Reich der Himmel.

Selig seid ihr, wenn sie euch schmähen und verfolgen und alles Arge wider euch reden um meinetwillen und damit lügen.

Freuet euch und frohlocket, weil euer Lohn groß ist in den Himmeln. Denn ebenso haben sie die Propheten verfolgt, die vor euch gewesen sind.

Ihr seid das Salz der Erde. Wenn aber das Salz seine Schärfe verliert, womit soll es salzig gemacht werden? Es ist zu nichts mehr nütze, als daß es hinausgeworfen und von den Leuten zertreten wird.

Ihr seid das Licht der Welt. Eine Stadt, die auf einem Berge liegt, kann nicht verborgen sein. Man zündet auch nicht ein Licht an und stellt es unter den Scheffel, sondern auf den Leuchter; dann leuchtet es allen, die im Hause sind. So soll euer Licht vor den Menschen leuchten, damit sie eure guten Werke sehen und euren Vater, der in den Himmeln ist, preisen.

Meinet nicht, daß ich gekommen sei, das Gesetz oder die Propheten aufzulösen. Ich bin nicht gekommen, aufzulösen, sondern zu erfüllen. Denn wahrlich, ich sage euch: Bis der Himmel und die Erde vergehen, wird nicht ein einziges Jota oder Strichlein vom Gesetz vergehen, bis alles geschehen ist. Wer nun eins dieser kleinsten Gebote auflöst und die Menschen so lehrt, wird der Kleinste heißen im Reich der Himmel. Wer sie aber tut und lehrt, der wird groß heißen im Reich der Himmel. Denn ich sage euch: Wenn eure Gerechtigkeit nicht besser ist als die der Schriftgelehrten und Pharisäer, werdet ihr nicht in das Reich der Himmel kommen. Ihr habt gehört, daß zu den Alten gesagt ist: »Du sollst nicht töten«; wer aber tötet, soll dem Gericht verfallen sein. Ich aber sage euch: Jeder, der seinem Bruder zürnt, soll dem Gericht verfallen sein. Wer aber zu seinem Bruder sagt: Raka! soll dem Hohen Rat verfallen sein. Wer aber sagt: du Tor! soll der Hölle mit ihrem Feuer verfallen sein. Wenn du nun deine Opfergabe zum Altar bringst und dort eingedenk wirst, daß dein Bruder etwas wider dich hat, so laß deine Gabe dort vor dem Altar und geh zuerst hin und versöhne dich mit deinem Bruder, und dann komm und bring deine Gabe dar! Willfahre schnell deinem Gegner, während du noch mit ihm unterwegs bist, damit dich nicht der Gegner dem Richter und der Richter dem Gerichtsdiener übergibt und du ins Gefängnis gesetzt wirst. Wahrlich, ich sage dir: Du wirst von dort nicht herauskommen, bis du den letzten Rappen bezahlt hast.

Ihr habt gehört, daß gesagt ist: »Du sollst nicht ehebrechen.« Ich aber sage euch: Jeder, der eine Ehefrau ansieht, um sie zu begehren, hat ihr gegenüber in seinem Herzen schon Ehebruch begangen. Wenn dich aber dein rechtes Auge zur Sünde verführt, so reiß es aus und wirf es von dir; denn es ist besser für dich, daß eins deiner Glieder verlorengeht und nicht dein ganzer Leib in die Hölle geworfen wird. Und wenn dich deine rechte Hand zur Sünde verführt, so haue sie ab und wirf sie von dir; denn es ist besser für dich, daß eins deiner

Glieder verlorengeht und nicht dein ganzer Leib in die Hölle kommt. Es ist ferner gesagt: »Wer seine Frau entläßt, soll ihr einen Scheidebrief geben.« Ich aber sage euch: »Jeder, der seine Frau entläßt, außer wegen Unzucht, gibt Anlaß, daß ihr gegenüber Ehebruch begangen wird; und wer eine Entlassene heiratet, begeht Ehebruch.

Wiederum habt ihr gehört, daß zu den Alten gesagt ist: »Du sollst nicht falsch schwören«, »du sollst aber dem Herrn deine Eide halten.« Ich aber sage euch, daß ihr überhaupt nicht schwören sollt, weder beim Himmel, denn er ist Gottes Thron, noch bei der Erde, denn sie ist der Schemel seiner Füße, noch bei Jerusalem, denn sie ist die Stadt des großen Königs. Auch bei deinem Haupte sollst du nicht schwören; denn du vermagst nicht ein einziges Haar weiß oder schwarz zu machen. Vielmehr sei eure Rede: »Ja, ja; nein, nein.« Was darüber ist, das ist vom Bösen.

Ihr habt gehört, daß gesagt ist: »Auge um Auge und Zahn um Zahn.« Ich aber sage euch, daß ihr dem Bösen nicht widerstehen sollt; sondern wer dich auf den rechten Backen schlägt, dem biete auch den andern dar, und dem, der gegen dich den Richter anruft und dir den Rock nehmen will, dem laß auch den Mantel, und wer dich nötigt, eine Meile weit zu gehen, mit dem gehe zwei! Gib dem, der dich bittet, und wende dich nicht von dem ab, der von dir borgen will!

Ihr habt gehört, daß gesagt ist: »Du sollst deinen Nächsten lieben« und deinen Feind hassen. Ich aber sage euch: Liebet eure Feinde und bittet für die, welche euch verfolgen, damit ihr Söhne eures Vaters in den Himmeln seid! Denn er läßt seine Sonne aufgehen über Böse und Gute und läßt regnen über Gerechte und Ungerechte. Denn wenn ihr nur die liebt, die euch lieben, was habt ihr für einen Lohn? Tun nicht auch die Zöllner dasselbe? Und wenn ihr nur eure Brüder grüßt, was tut ihr Besonderes? Tun nicht auch die Heiden dasselbe? Ihr nun sollt vollkommen sein, wie euer himmlischer Vater vollkommen ist. (Mat. 5, 1–48)

Sammelt euch nicht Schätze auf Erden, wo Motte und Rost sie zunichte machen und wo Diebe einbrechen und stehlen! Sammelt euch vielmehr Schätze im Himmel, wo weder Motte noch Rost sie zunichte machen und wo Diebe nicht einbrechen und stehlen! Denn wo dein Schatz ist, da wird auch dein Herz sein.

Das Licht des Leibes ist das Auge. Wenn nun dein Auge lauter ist, wird dein ganzer Leib voll Licht sein. Wenn aber dein Auge böse ist, wird dein ganzer Leib finster sein. Wenn nun das Licht, das in dir ist, Finsternis ist, wie groß wird die Finsternis sein!

Niemand kann zwei Herren dienen; denn entweder wird er den einen hassen und den andern lieben, oder er wird dem einen anhangen und den andern verachten. Ihr könnt nicht Gott dienen und dem Mammon. (Mat. 6, 19–24)

Richtet nicht, damit ihr nicht gerichtet werdet! Denn mit welchem Gericht ihr richtet, mit dem werdet ihr gerichtet werden, und mit welchem Maß ihr meßt, mit dem wird euch gemessen werden. Was siehst du aber den Splitter in deines Bruders Auge, des Balkens jedoch in deinem Auge wirst du nicht gewahr? Oder wie kannst du zu deinem Bruder sagen: Halt, ich will den Splitter aus deinem Auge ziehen; und siehe, in deinem Auge ist der Balken? Du Heuchler, ziehe zuerst den Balken aus deinem Auge, und dann magst du zusehen, daß du den Splitter aus deines Bruders Auge ziehst.

Gebet das Heilige nicht den Hunden und werfet eure Perlen nicht vor die Schweine, damit sie nicht etwa mit ihren Füßen sie zertreten und sich umwenden und euch zerreißen. (Mat. 7, 1–6)

Dann sprach Jesus zu seinen Jüngern: Wenn jemand mit mir gehen will, verleugne er sich selbst und nehme sein Kreuz auf sich und folge mir nach! Denn wer sein Leben retten will, der wird es verlieren; wer aber sein Leben verliert um meinetwillen, der wird es finden. (Mat. 16, 24–25)

Epiktet und Marc Aurel

Epiktet (ca. 50 bis 140) und Marc Aurel (121 bis 180)sind beide Vertreter der jüngeren Stoa, die ihren Ursprung in der griechischen Philosophie hat und deren Denksystem sich in Logik, Physik und Ethik gliedert. Die Ethik nimmt dabei die oberste Stelle ein: Logik und Physik bilden dazu die Vorstufen. Einer strengen, dem Weltganzen innewohnenden Gesetzlichkeit geben die Stoiker den Namen »Seele«, »Notwendigkeit«, »Vorsehung« oder auch »Gott«, doch dieser Gott ist nicht jenseits und außerhalb der Natur zu suchen, sondern fällt mit dem Weltganzen zusammen; Gott ist die alles regierende göttliche Vernunft in der Welt selbst.

Nur die Menschen als Vernunftswesen sind imstande, die göttlichen Gesetzmäßigkeiten zu erkennen und sich in bewußtem Handeln danach zu richten, und da der Mensch seiner Natur nach ein Vernunftwesen ist, ist für den Stoiker vernunftgemäßes Leben immer auch naturgemäßes Leben. Darin besteht die einzige Tugend, die einzig mögliche Glückseligkeit. Da die Tugend des naturgemäßen, vernünftigen Lebens das einzige Gut ist, das der Stoiker kennt, steht dieser Tugend auch nur ein einziges Übel gegenüber: unvernünftiges Leben. Alles andere, Leben, Besitz, Ehre, Alter, Krankheit, Tod, ist weder gut noch schlecht, sondern bedeutungslos und gleichgültig. Entscheidend ist also nur, zu erkennen, was gut, was schlecht und was gleichgültig ist – und danach zu handeln. Leider aber wird der Mensch in seiner Erkenntnis durch die Affekte – Triebe und Leidenschaften – gelegentlich behindert. Aufgabe des Menschen ist es daher, sich von seinen Affekten zu lösen und zu befreien; das höchste Ziel ist erreicht, wenn die Seele völlig frei von Leidenschaften ist. Dieser Zustand der absoluten Leidenschaftslosigkeit bedeutet zugleich das Höchstmaß an Tugend.

Unter römischem Einfluß haben sich die Stoiker allerdings bemüht, ihr Ideal der Leidenschaftslosigkeit in den Rahmen eines größeren Ganzen zu stellen und gewisse grundlegende Pflichten des Menschen dem Mitmenschen gegenüber anzuerkennen. Dadurch gewannen Ehe, Familie und Staat in der späteren stoischen Lehre eine gewisse Wertschätzung, vor allem aber erhoben die jüngeren Stoiker nun zwei grundlegende soziale Forderungen, Gerechtigkeit und Menschenliebe, zu fast absoluten Werten, und zwar beides in einem Ausmaß, wie es bis dahin in der Antike nicht bekannt war. Die beiden Forderungen schlossen Sklaven wie Barbaren mit ein, und damit steht die jüngere Stoa am Anfang eines umfassenden Humanitätsgedankens und in geistiger

Nachbarschaft auch zu wesentlichen Forderungen des Christentums.

Epiktet *war freigelassener Sklave,* Marc Aurel *römischer Kaiser; was sie, über alle sozialen Unterschiede hinweg verbindet, ist gerade dieser Humanismus, der tief in die abendländische Philosophie hinein- und fortgewirkt hat.*

Epiktet

Von den vorhandenen Dingen sind die einen in unserer Gewalt, die anderen nicht. In unserer Gewalt sind Meinung, Trieb, Begierde und Abneigung, kurz: alles, was unser eigenes Werk ist.

Nicht in unserer Gewalt sind Leib, Besitztum, Ansehen und Stellung, kurz: alles, was nicht unser eigenes Werk ist.

Was in unserer Macht steht, das ist von Natur frei und kann nicht verhindert oder verwehrt werden; was aber nicht in unserer Macht steht, das ist schwach, unfrei, behindert und fremdartig. Merke dir nun: Wenn du das von Natur Unfreie für frei und das Fremde für dein eigen hältst, so wirst du Hemmung, Betrübnis und Aufregung haben und mit Gott und den Menschen unzufrieden sein. Wenn du jedoch nur das, was dein ist, für dein eigen ansiehst und das Fremde für fremd, so wie es das wirklich ist, so wird dich niemand jemals zwingen, niemand hindern, du wirst mit niemand unzufrieden sein, wirst nichts gegen deinen Willen tun, es wird niemand dir schaden, du wirst keinen Feind haben; es wird dich gar nichts Schädliches treffen.

Hüte dich davor, vom äußeren Schein hingerissen, jemand glücklich zu preisen, den du besonders ausgezeichnet oder vielvermögend oder sonstwie berühmt siehst. Wenn nämlich das Wesen des Guten zu den Dingen gehört, die in unserer Macht stehen, so hat weder Neid noch Eifersucht Raum. Du selbst wirst ja nicht Feldherr, nicht Ratsherr, nicht Konsul sein wollen, sondern frei. Nur *ein* Weg aber führt dazu: Verachtung alles dessen, was nicht in unserer Macht steht.

Wisse: was den Glauben an die Götter anlangt, so ist es die Hauptsache, daß du die richtigen Vorstellungen von ihnen habest, nämlich daß sie vorhanden sind und das Weltall gut und gerecht verwalten; und du selbst mußt dich daran gewöhnen, ihnen zu gehorchen und dich allem, was geschieht, zu fügen und zu unterwerfen, in der Gewißheit, daß es dir ja von höchster Einsicht auferlegt wird. Dann wirst du die Götter nicht

tadeln und ihnen nicht vorwerfen, du werdest vernachlässigt.

Das kann übrigens nur geschehen, wenn du »gut« und »böse« absonderst von dem, was nicht in unserer Macht ist, und allein in das einordnest, was in unserer Macht ist. Denn wenn du etwas von jenem für gut oder schlecht ansiehst, so mußt du notwendigerweise, sobald du nicht erlangst, was du wünschest, oder dem anheimfällst, was du nicht wünschest, die Urheber tadeln und hassen. Es ist nämlich jedes Lebewesen so beschaffen, daß es das, was schädlich scheint, samt seinen Ursachen flieht und meidet, das Nützliche aber und seine Ursachen erstrebt und bewundert.

Wenn du etwas tust in der Überzeugung, daß es getan werden müsse, so vermeide niemals, bei der Tat gesehen zu werden, auch wenn die große Menge es anders aufgefaßt wissen will. Denn wenn du unrecht tust, so unterlaß die Tat selbst; wenn aber recht, warum fürchtest du die, die es zu Unrecht tadeln werden?

Wenn jemand schlecht an dir handelt oder von dir spricht, so wisse, daß er es tut oder spricht, weil er glaubt, er sei dazu berechtigt. Es ist ja nicht möglich, daß er deinen Vorstellungen folgt und nicht seinen eigenen. Und so wird jener, wenn er schlechte Vorstellungen hat, geschädigt, und zwar weil er getäuscht wurde. Auch wenn jemand eine verwickelte Wahrheit für falsch ansieht, wird nicht sie geschädigt, sondern der, der sich getäuscht hat. Davon also ausgehend, wirst du dich gelassen gegenüber dem Schmähsüchtigen verhalten. Sage nur jedesmal dazu: »Es schien ihm so.«

Dies ist des Ungebildeten Standpunkt und Charakter: niemals erwartet er von sich selbst Nutzen oder Schaden, sondern von der Außenwelt.

Dies ist des Philosophen Standpunkt und Charakter: allen Nutzen und Schaden erwartet er von sich selbst.

Kennzeichen des Fortschreitenden sind diese: er tadelt niemand, lobt niemand, schilt niemand, macht niemand Vorwürfe und spricht nicht von sich, als bedeute oder wisse er etwas.

Marc Aurel

Am meisten schändet sich die Seele des Menschen selbst, wenn sie, soweit es auf sie ankommt, ein Abszeß und sozusagen eine Geschwulst der Welt wird. Denn unwillig zu sein über ein Geschehen-

des ist ein Abstehen von der Natur, in der als Teile die Naturen jedes der übrigen Wesen umfaßt werden. Dann aber auch, wenn sie sich von einem Menschen abwendet oder auch ihm entgegentritt, um ihm zu schaden, zu welcher Art die Seelen der Zornigen gehören. Drittens schändet sie sich selbst, wenn sie von einer Lust oder von einem Schmerz überwältigt wird. Viertens, wenn sie heuchelt und falsch und unwahrhaftig etwas tut und sagt. Fünftens, wenn sie eine eigene Handlung oder einen Trieb nicht auf einen Zielpunkt richtet, sondern alles planlos und ohne Aufmerksamkeit tut, wo doch auch das Geringste unter Bezug auf das Ziel geschehen soll.

Versuch, wie dir auch das Leben des guten Menschen vonstatten geht, der befriedigt ist von dem, was ihm vom All zugeteilt wird, und sich begnügt mit der eigenen gerechten Tat und der freundlichen Seelenverfassung.

Halte dich jeder naturgemäßen Rede und Tat für würdig, und der nachfolgende Tadel oder das Gerede der Leute soll dich nicht abbringen, sondern wenn es recht ist, getan oder ausgesprochen zu sein, halte dich nicht für unwürdig. Denn jene haben ein eigenes Leitvermögen und folgen ihrem eigenen Trieb. Darauf schaue nicht, sondern geh zum Ziel die gerade Straße, der eigenen und der allgemeinen Natur nachfolgend. Von diesen beiden ist der Weg ein und derselbe.

Die Vernunft und die auf Vernunft beruhende Kunst sind Fähigkeiten, die an sich und ihren entsprechenden Werken genug haben. Sie gehen also von dem zugehörigen Prinzip aus und führen auf das jeweilige Ziel hin; demgemäß werden solche Handlungen richtige Handlungen genannt, indem sie die Richtigkeit des Weges anzeigen.

Keines von den Dingen darf der Mensch im Auge behalten, die dem Menschen als Menschen nicht zukommen. Sie sind keine Forderungen für den Menschen, und nicht verheißt sie die Menschennatur, und sie sind auch nicht Vollendungen der menschlichen Natur. Es liegt also in ihnen auch nicht das Ziel des Menschen und auch nicht, was zum Ziele beiträgt, das Gute.

Und wiederum: weswegen ein jedes geschaffen ist, dazu ist es geschaffen; wozu es aber geschaffen ist, dazu wird es hingezogen; wozu es hingezogen wird, darin liegt sein Ziel; wo aber das Ziel ist, da ist auch für jedes das Zuträgliche und das Gute. Das Gute also des Vernunftwesens ist die Gemeinschaft.

Alle Dinge verflechten sich miteinander, und die Verknüpfung ist heilig, und sozusagen kein Ding ist einem andern fremd; denn es ist eingereiht und ordnet dieselbe Weltordnung mit. Denn es gibt *eine* Welt aus allem und *einen* Gott durch alles und *eine* Substanz und *ein* Gesetz, die Vernunft, die allen geistigen Wesen gemeinsam ist, und *eine* Wahrheit, wenn es ja auch *eine* Vollkommenheit der Wesen gibt, die aus gleichem Geschlecht sind und an derselben Vernunft teilhaben.

Grabe innen. Innen ist die Quelle des Guten, und sie kann immer aufsprudeln, wenn du immer gräbst.

Dies bringt die Vollkommenheit des Charakters mit sich, jeden Tag, als ob er der letzte wäre, zu durchleben, und weder sich aufzuregen noch abgestumpft zu sein, noch zu heucheln.

Wenn du Gutes getan hast und in anderer Hinsicht Gutes erfahren, was suchst du daneben noch ein Drittes wie die Toren, daß du für einen Wohltäter giltst oder eine Gegengabe erlangst?

Kurz ist die übrigbleibende Zeit da. Lebe wie im Gebirge; denn es macht nichts aus: dort oder hier, wenn man überall wie in einer Stadt in der Welt lebt. Es sollen die Menschen sehen, sollen kennenlernen einen wahren Menschen, der gemäß der Natur lebt. Wenn sie dich nicht ertragen, sollen sie dich töten. Denn es ist besser, als so (wie sie) zu leben.

Überhaupt nicht mehr diskutieren über die Beschaffenheit des guten Menschen, sondern ein solcher sein.

Augustinus

Augustinus (354 bis 430) verbindet in seinem theologisch-philosophischen Werk christlichen Glauben, antike Philosophie und persische Religionsvorstellungen, von denen er sich nie ganz hat befreien können; außerdem kommt bei Augustinus nun noch etwas hinzu, von dem in der Philosophie und in der philosophischen Ethik bis dahin eigentlich nie die Rede war: der Begriff und die Vorstellung des Bösen.

Bei Platon und Aristoteles war das Böse eigentlich nur ein Mangel, ein Ungenügen, ein Zuwenig an Gutem. Seit Christus, der in die Welt kam, die Sünde auf sich zu nehmen, hat man mit der Sünde nun aber eine klare Vorstellung des Bösen, und diese Vorstellung wird bei Augustinus noch ergänzt durch die manichäische Annahme eines bösen und eines guten Gottes; eine Annahme, die er selbst zwar vehement bekämpft hat, die ihm aber doch keine Ruhe ließ und die sein Werk in außerordentlichem Maß mitgeprägt hat. Seit Augustinus hat die Auseinandersetzung mit dem Bösen die Ethik und die Philosophie denn auch immer wieder beschäftigt und in Unruhe gehalten bis auf den heutigen Tag.

Nun ist allerdings das Werk des Augustinus alles andere als eine systematisch angelegte und aufgebaute Philosophie; Augustinus sucht und findet seine eigene philosophische Erkenntnis, seinen Glauben und seine ethisch-religiösen Maßstäbe in der Selbstbetrachtung und im Bekenntnis, in der Selbstschau und in der Selbstkritik, die um die persönlich gesehene und erlebte Frage von Gut und Böse, von Sünde und Erlösung kreisen. Indem Augustinus – in den Confessiones vor allem – sich selber, seine Lebensgeschichte und seine ganze menschliche Existenz betrachtet, stellt er drei wesentliche Dinge fest: Die menschliche Existenz ist dem Bösen verfallen; der Mensch ist – und hier spielt die platonische Philosophie herein – aber gleichzeitig ausgerichtet auf das Gute, das er unablässig sucht und das ihn nicht zur Ruhe kommen läßt; durch die Erlösungstat Christi am Kreuz und durch die zuvorkommende Gnade Gottes ist das Böse immer schon eingeholt und überwunden, und in der aktiven Nachahmungsethik der Nachfolge Christi bestätigt sich der Mensch in seiner Ausrichtung auf das Gute hin.

Es ist zwar die selbständige innere Kraft der Seele im Erkennen und Selbsterkennen, die den Menschen zur reinen Wahrheit vordringen läßt und die er als Liebe erfährt, und die wahre Liebe wiederum bringt es mit sich, »daß wir der Wahrheit anhangend gerecht leben«, doch die Fähigkeit zur Erkenntnis besitzt der Mensch nur *dank der besonderen, direkten Erleuchtung durch Gott. Die augustinische Ethik, die sich unter anderem auch aus dem eigenen Bekehrungserlebnis erklärt, ist damit vor allem Liebesethik, Nachfolge Christi, und in ihrem schriftlichen Ausdruck Betrachtung und Gebet.*

Ich will mich zurückerinnern an die von mir begangenen Abscheulichkeiten und an die fleischlichen Verderbnisse meiner Seele, und das nicht, weil ich sie liebe, sondern damit ich Dich liebe, mein Gott. Aus Liebe zu Deiner Liebe tue ich das und überschaue noch einmal mit der ganzen Bitterkeit meiner Überlegung meine nichtswürdigen Wege, damit Du mir süß werdest, Du Wonne, die nicht trügt, Du glückliche und sichere Süßigkeit; und ich sammle mich wieder aus jener Zerstreuung, in der ich stückweise zerspalten war, während ich abgekehrt von Dir, dem Einen, mich in das Viele verloren habe. Denn damals, in meiner Jugend, brannte ich vor Gier nach Sättigung am Höllischen und wagte es, in allen möglichen beschatteten Liebeserlebnissen zu verwildern; und da entstellte sich mein Antlitz, und ich verfaulte vor Deinen Augen, mir zu Gefallen und mit dem Wunsche, vor den Augen der Menschen zu gefallen.

Du nämlich bist es, Herr, der mich richtet. Wenn auch keiner von den Menschen weiß, was im Menschen ist, außer dem Geist des Menschen, der in ihm ist, so ist trotzdem immer noch etwas im Menschen, das auch sein Geist nicht weiß: nur Du, Herr, weißt all das Seine, Du, der ihn geschaffen hat. Und auch ich, der ich mich vor Deinem Angesicht verachte und mich für Staub und Asche halte, weiß immerhin etwas von Dir, was ich von mir aus niemals wüßte. Wir sehen freilich jetzt durch einen Spiegel nur im Gleichnis, noch nicht von Angesicht zu Angesicht, und darum bin ich, solange ich noch fern von Dir zu pilgern habe, mir selber näher als Dir. Dennoch weiß ich, daß Du auf keine Weise zu verletzen bist, während ich von mir nicht weiß, welchen Versuchungen ich widerstehen kann und welchen nicht. Die Hoffnung aber ist, daß Du getreu bist und uns nicht über unsere Kraft versuchen läßt, sondern mit der Versuchung auch den Ausgang schaffst, auf daß wir sie bestehen können.

Groß ist die Kraft des Gedächtnisses, mein Gott, ein schaudererregendes Rätsel ist seine tiefe endlose Vielfalt; und das ist der Geist, und das bin ich selbst! Was bin ich also, mein Gott? Was ist mein Wesen? Ein mannigfaltiges, vielartiges Leben von

einer letzten Unermeßlichkeit. Siehe die unzählba-
ren Gefilde, Grotten und Höhlen meines Gedächtnisses, die unzählbar voll sind von Gattungen
unzählbarer Dinge, einmal in Bildern, wenn es um
Körper geht, einmal im Vorhandensein, wenn es
Künste sind, einmal in wer weiß was für welchen
Begriffen oder Bezeichnungen, wenn es sich um
Regungen des Geistes handelt, die das Gedächtnis
festhält, auch wenn der Geist sie nicht erleidet,
weil, was auch immer im Gedächtnis lebt, im
Geiste ist; all das durchlaufe ich und fliege da- und
dorthin, dringe ein, so tief ich kann und komme
nie ans Ende: so groß ist die Kraft des Gedächtnisses, so groß ist die Kraft des Lebens im Menschen,
der sterblich lebt!

Als ob du, Herr, da die Ewigkeit Dein ist, nicht
wüßtest, was ich Dir sage, oder zur Zeit nicht
sähest, was in der Zeit geschieht! Warum erzähle
ich Dir also der Reihe nach all die vielen Dinge?
Wohl kaum, damit Du sie durch mich erfährst; mir
ist vielmehr darum zu tun, meine Regung zu Dir
zu erwecken und die Regung jener, die das lesen,
auf daß wir alle miteinander sagen: Groß ist der
Herr und hoch zu loben. Ich habe es bereits gesagt
und sag es wieder: Ich tue das aus Liebe zu Deiner
Liebe. Schließlich beten wir ja auch, obwohl die

Wahrheit sagt: »Euer Vater weiß, was euch nottut, bevor ihr es von Ihm erbittet.«

Suchet Gott, und eure Seele wird leben, auf daß die Erde die lebendige Seele hervorbringt. Macht euch nicht dieser Welt gleichförmig, enthaltet euch von ihr. Die Seele lebt, sobald sie vor ihr flieht, und stirbt, wenn sie nach ihr begehrt. Enthaltet euch der maßlosen Wildheit der Hoffart, der trägen Lust der Schwelgerei, des trügerischen Wahns der Wissenschaft, damit die Bestien gezähmt, die Tiere sanft, die Schlangen ungefährlich werden. Denn das sind die Regungen der Seele in der Allegorie: aber Stolz der Überhebung, Ergötzen der Begierde und Gift der Neugier sind Regungen der abgestorbenen Seele, die ja nicht so stirbt, daß sie aller Regung verlustig geht. Sie stirbt vielmehr, weil sie sich trennt vom Quell des Lebens, Aufnahme findet in der vergehenden Welt und ihr gleichförmig wird.

Gott, du Gründer des Weltalls, gib mir vor allem, daß ich recht zu dir bete; dann, daß mein Leben deiner Erhörung würdig werde, und endlich, daß du mich ganz frei machest! Gott, durch den alles, was aus sich selbst nicht sein könnte, zum Dasein strebt. Gott, der du nicht einmal das, was sich gegenseitig zugrunde richtet, zugrunde gehen läßt. Gott, der du aus dem Nichts diese Welt erschaffen hast, welche die Augen aller als so schön empfinden. Gott, der du nichts Böses hervorbringst und das Sein so erschaffen hast, daß es nicht ganz dem Bösen verfällt. Gott, der du den Wenigen, die zum wahrhaft Seienden ihre Zuflucht nehmen, zeigst, daß das Böse ein Nichts ist. Gott, durch den das All auch mit seinem Widersinn vollkommen ist. Gott, vor dem auch der äußerste Mißklang nichts ist, da ja das Verkehrte mit dem Besseren Einklang sucht. Gott, den alles liebt, was lieben kann, bewußt oder unbewußt. Gott, in dem alle Dinge gründen, den aber keine Häßlichkeit der ganzen Schöpfung beflecken, dem böser Wille nicht schaden, den Irrtum nicht irre machen kann. Gott, nach dessen Willen nur die Reinen der Wahrheit innewerden sollen. Gott, Vater der Wahrheit, Vater der Weisheit, Vater des wahren und höchsten Lebens, Vater des Guten und Schönen, Vater der Glückseligkeit, Vater des geistigen Lichtes, Vater unseres geistigen Erwachens und unserer Erleuchtung, Vater der inneren Stimme, durch die wir gemahnt werden, zu dir heimzukehren!

Gott, durch dessen im Ewigen gegründetes Gesetz die rastlose Bewegung der veränderlichen Dinge vor Verwirrung bewahrt und mit Zügeln die kreisenden Welten immer wieder zum Gleichnis der ewigen Ordnung zurückgerufen werden. Gott, durch dessen Gesetz die Seele frei ist in ihrem Willensentscheid und den Guten ihren Lohn und den Bösen ihre Strafe zuteil wird nach der festen Notwendigkeit des allgemeinen Weltlaufs. Gott, von dem uns alles Gute zufließt, durch den uns alles Üble ferngehalten wird. Gott, über dem nichts, außer dem nichts, ohne den nichts ist. Gott, unter dem alles ist, in dem alles ist, mit dem alles ist. Der du den Menschen nach deinem Bild und Gleichnis geschaffen hast, das jeder erkennt, der sich selbst erkennt. Erhöre, erhöre, erhöre mich, mein Gott, mein Herr, mein König, mein Vater, mein Urgrund, meine Hoffnung, mein Besitz, meine Ehre, mein Haus, mein Vaterland, mein Heil, mein Licht, mein Leben! Erhöre, erhöre, erhöre mich auf die dir eigene Weise, die nur so wenige verstehen!

Mohammed

Mohammed selbst hat sich nie als eigentlichen Religions-
stifter verstanden, sondern lediglich als »einen Zeugen,
als einen Boten neuer Hoffnungen und als eine Fackel«.
Die welthistorische Bedeutung Mohammeds beruht aber
vor allem darin, daß er die bis dahin geschichtlich
bedeutungslosen arabischen Stämme (auch militärisch)
einigte und sie kulturell und religiös auf ein höheres
Niveau hob; bis zum Auftreten Mohammeds hatte die
Religion der Araber in einer Anzahl von Stammeskul-
ten bestanden, in denen neben dem männlichen Gott
Allah noch eine ganze Reihe von andern höheren Wesen
verehrt wurden.

An die Stelle dieses Götzendienstes setzte Moham-
med nun einen absoluten Monotheismus (»Es gibt kei-
nen andern Gott außer Gott; Mohammed ist sein
Prophet!«); dabei ist sicher, daß Mohammed bei der
Ausgestaltung seiner Lehre von der Religion der Juden
und Christen beeinflußt war, die er auf seinen Reisen als
Kaufmann in Mekka und in Medina kennengelernt
hatte. Seine Erwartung, daß die Christen und Juden ihn
als den Träger und Verkünder einer neuen, über Thora
und Evangelium hinausgehenden Offenbarung, als letz-

ten und größten Gesandten Gottes anerkennen würden, wurde allerdings nicht erfüllt. Der Islam (wörtlich »Hingabe an Gott«) betrachtet jedoch Juden und Christen als auf dem Weg zur Vorstufe der Wahrheit befindliche »Schriftbesitzer« und räumt ihnen gegenüber den »götzendienerischen« Heiden eine Vorrangstellung ein. Die heilige Schrift des Islams ist der Koran; nach Auffassung der Moslems enthält der Koran (»Lesung«) die dem Propheten direkt von Gott oder durch den Engel Gabriel vermittelten Offenbarungen. Im Koran mit seinen 144 Abschnitten (Suren) und in den später entstandenen Schriften (Berichte über die Worte und Taten des Propheten und seiner ersten Anhänger, die Vorbild und Leitstern für Denken und Handeln aller Moslems sein sollen) sind die Gebote festgehalten, die das ganze Leben des einzelnen (Ernährung, Körperpflege, Eherecht) und der Gemeinschaft (Strafrecht, Handelsrecht, heiliger Krieg, Kunst, Wissenschaft) regeln. Die Lehre Mohammeds ganz allgemein und die darin enthaltene Ethik ist nicht sonderlich systematisch aufgebaut; der Prophet hat jedoch eine Anzahl unbedingt einzuhaltender Satzungen vorgeschrieben, die als die »Fünf Pfeiler des Islams« bekannt sind und die dem gläubigen Moslem helfen, die vielfältigen Vorschriften des Korans, der Sunna (»Gewohnheit«) und des Hadith zu befolgen: Das Glaubensbekenntnis zum alleinigen Gott Allah; das tägliche Gebet; das Fasten während des

Monats Ramadan; das Almosengeben; die Wallfahrt nach Mekka. Hat der gläubige Moslem alle Pflichten erfüllt und hat er nach seinem Tod vor den Engeln Munkar und Nakir seine Rechtgläubigkeit bewiesen, dann wird er am Tag des Jüngsten Gerichts in die herrlichen Gärten des Paradieses eingehen.

Im Namen Allahs, des Allbarmherzigen! Lob und Preis sei Allah, dem Herrn aller Weltenbewohner, dem gnädigen Allerbarmer, der am Tage des Gerichtes herrscht. Dir allein wollen wir dienen, und zu dir allein flehen wir um Beistand. Führe uns den rechten Weg, den Weg derer, welche sich deiner Gnade freuen – und nicht den Pfad jener, über die du zürnst oder die in die Irre gehen!

Der Schöpfer der Himmel und der Erde, wie sollte er einen Sohn haben, da er ja keine Genossin hat! Er ist der Schöpfer aller Dinge, und ihm sind alle Dinge bekannt. Das ist Allah, euer Herr, es gibt keinen Gott außer ihm, dem Schöpfer aller Dinge; darum dient nur ihm (und betet ihn an), denn er trägt Sorge für alles. Kein Auge kann ihn erfassen, doch er erfaßt ein jedes Gesicht. Er ist der Unerforschliche und Allwissende.

Da gibt es Menschen, die sprechen zwar: »Wir glauben an Allah und an das Weltgericht!«, doch sie sind nicht gläubig, und sie wollen Allah und die Gläubigen täuschen – aber sie betrügen nur sich selbst; doch dafür fehlt ihnen das Verständnis. Ihr Herz ist krank, und Allah überläßt es mehr und mehr der Krankheit; bittere Strafe wird sie wegen ihres verlogenen Leugnens treffen.

Sie haben den Weg zur Wahrheit mit dem Irregehen vertauscht, ihr Handeln bringt ihnen keinen Gewinn: Sie sind vom rechten Weg abgekommen. Sie sind dem zu vergleichen, welcher ein Feuer entzündet, und da dieses nun alles um ihn erleuchtet, löscht Allah das Licht und läßt ihn in schwarzer Finsternis: so sieht er nichts. Taub, stumm und blind ist er – darum findet er keine Umkehr.

Jedermann hat eine bestimmte Richtung (ein Ziel), wohin er sich wendet; ihr aber wendet euch zu der besseren; dann wird Allah euch einst, wo ihr auch sein mögt, zurückbringen: denn Allah ist allmächtig.

Die Gerechtigkeit besteht nicht darin, daß ihr das Antlitz beim Gebet nach Ost oder West richtet, sondern jener ist gerecht, der an Allah glaubt und an den Jüngsten Tag und an die Engel und an die

Schrift und die Propheten; der voll Liebe von seinem Vermögen gibt: Den Verwandten, Waisen und Armen und den Pilgern, überhaupt jedem, der darum bittet; der Gefangene löst, das Gebet verrichtet, Almosen spendet; der an geschlossenen Verträgen festhält; der geduldig Not und Unglück und standhaft die Schrecken des Krieges erträgt. Dieser ist gerecht: Er ist wahrhaft gottesfürchtig.

Die nun vom Wucher (Zinseszins) leben, werden einst mit Krämpfen auferstehen als vom Satan Besessene; deshalb, weil sie sagen: »Handel ist mit Wucher gleich.« Aber Allah hat den Handel erlaubt und den Wucher verboten. Wer dies nun, von Allah ermahnt, unterläßt, dem wird Vergebung für das Vergangene zuteil, wenn er hinfort seine Geschäfte nach Allahs Willen treibt. Wer aber von neuem wuchert, wird ein Bewohner des Höllenfeuers, darin wird er bleiben. Dem Wucherhandel wird Allah wehren, die Taten der Almosen aber mehren. Allah liebt die Gottlosen nicht. Die, welche glauben, Gutes tun, das Gebet verrichten und Almosen geben, haben Lohn von ihrem Herrn zu erwarten; weder Furcht noch Trauer kommt über sie. O Gläubige, fürchtet Allah und gebt den Rest vom Wuchergewinn, den ihr in Händen habt, zurück, wenn ihr Gläubige seid! Tut ihr das aber nicht, so ist euch Krieg von Allah und seinem

Propheten verkündet. Doch bekehrt ihr euch in Reue, dann soll das Kapital eueres Vermögens euch verbleiben. Tut niemand ein Unrecht an, dann wird euch kein Unrecht getan.

Die Weiber sind euer Acker, geht auf eueren Acker, wie und wann ihr wollt, weiht aber Allah zuvor euere Seele (durch Gebet, Almosen oder gutes Werk).

Überlegt gut und nehmt nur eine, zwei, drei, höchstens vier Ehefrauen. Fürchtet ihr auch so noch, ungerecht zu sein, nehmt nur eine Frau oder lebt mit Sklavinnen, die ihr erwarbt. So werdet ihr leichter nicht vom Rechten abirren.

Einem Dieb und einer Diebin haut die Hände ab, zur Strafe dessen, was sie begangen haben. Diese warnende Strafe ist von Allah; denn Allah ist allmächtig und allweise. Wer aber, nachdem er gesündigt hat, bereut und sich bessert, zu dem wird Allah sich wieder hinwenden; denn Allah ist verzeihend und barmherzig.

Die Gläubigen, welche nicht durch Krankheit verhindert zu Hause bleiben, haben nicht gleichen Wert mit jenen, die Vermögen und Leben für die

Religion Allahs verwenden. Die für ihn Gut und
Blut wagen, werden vor den ruhig zu Hause
Bleibenden mit einer weit höheren Stufe von Allah
begnadet werden. Zwar hat Allah allen das Paradies versprochen; doch werden die Aufopfernden
vor den ruhig Bleibenden von Allah bevorzugt mit
einer höheren Stufe, mit Versöhnung und Barmherzigkeit; denn Allah ist nachsichtig und barmherzig.

O Gläubige, kein Mensch soll einen anderen Menschen verspotten, denn vielleicht sind diese, die
Verspotteten, besser als jene, die Spötter; auch
möge keine Frau eine andere, welche vielleicht
besser als sie ist, verspotten. Verleumdet euch
nicht untereinander und gebt euch nicht gegenseitig Schimpfnamen. Forscht nicht neugierig nach
den Fehlern anderer, und keiner spreche Böses
vom anderen in dessen Abwesenheit.

Menschen, genießt, was gut und erlaubt ist auf
Erden und folgt nicht den Stapfen des Satans; er ist
ja euer offener Feind und befiehlt euch nur Böses
und Schändliches, und Dinge von Allah zu sagen,
die ihr nicht versteht. Sagt man zu ihnen: »Folgt
dem, was Allah offenbart hat!« – so antworten sie:
»Nein, wir folgen den Bräuchen unserer Väter!«

Aber waren ihre Väter denn nicht unbelehrt oder falsch geleitet? Doch die Ungläubigen sind den Tieren gleich, die nur Schall und Ruf und weiter nichts hören; taub und stumm und blind, erfassen sie nichts.

Aber jene, die glauben und rechtschaffen handeln, wird Allah in Gärten führen, welche Wasserläufe durchströmen, und im Paradiese werden sie mit Armbändern von Gold und Perlen geschmückt und mit Kleidern aus Seide; denn sie wandelten nach dem besten Wort und auf dem ehrenwertesten Wege.

Den Menschen wurde begehrliche Lust an Frauen und Kindern, Gold und Silber, edlen Pferden, Viehherden und viel Ackerland eingepflanzt. Doch hat dies alles nur für dieses Leben Wert; ewige schönste Stätte ist bei Allah.

Wißt: Das irdische Leben ist nur ein Spiel, nur Getändel. Die Pracht, die Sucht nach Ruhm und das Verlangen nach Mehrung der Reichtümer und Kinder gleichen den Pflanzen, durch Regen genährt, deren Wachstum den Landmann erfreut, welche aber dann dürr und, wie du siehst, welk und zuletzt verdorrte Stoppeln werden. In jenem

Leben erhalten die, welche nur dem Irdischen nachstreben, schwere Strafe. Die aber demselben entsagen: Versöhnung mit Allah und sein Wohlgefallen. Das irdische Leben ist nur eine Häufung von Täuschungen.

Dieses Leben gleicht in der Tat dem Wasser, das wir vom Himmel senden, um mit ihm die Gewächse der Erde zu befeuchten, welche von Menschen und Vieh verzehrt werden und der Erde Gewand und Schmuck verleihen. Dann glauben ihre Bewohner, frei darüber verfügen zu können; aber wenn wir es befehlen, bei Nacht oder bei Tag, so ist alles wie abgemäht, als wäre gestern dieser Überfluß an Früchten gar nicht gewesen. So machen wir unsere Zeichen den Menschen offenbar, welche nachdenken wollen.

Thomas von Aquin

Thomas von Aquin (1225 bis 1274) galt den Zeitgenossen selbst als der große Neuerer, als der Bringer einer neuen Philosophie und, bis zu einem gewissen Grad, auch einer neuen Theologie. Sicher ist er einer der bedeutungsvollsten Köpfe und der größte Systematiker des Mittelalters, und er hat, zum erstenmal in dieser Klarheit, genau zu unterscheiden versucht zwischen Glauben und Wissen, zwischen Erfahrung und Gnade; der Mensch hat Anteil an beidem, Ethik und Tugendlehre sind dementsprechend eingebettet in die Summa Theologiae, die sich in drei Teile gliedert. »Im ersten Teil handeln wir von Gott, im zweiten von der Hinbewegung der geistbegabten Geschöpfe auf Gott hin, im dritten von Christus, der, in seiner Menschheit, für uns der Weg ist, auf dem wir zu Gott gelangen.« Im zweiten Teil, der von der Hinbewegung der Geschöpfe auf Gott hin handelt und damit die thomistische Ethik beinhaltet, greift Thomas auf Aristoteles zurück, differenziert aber den aristotelischen Begriff der reinen natürlichen Vernunft und führt neu die Vorstellung der natürlichen praktischen Vernunft ein. Der Mensch als Leib und Seele hat, entsprechend seinen körperlichen und geisti-

gen Veranlagungen und Bedürfnissen, eine Eigengesetzlichkeit und ein natürliches Verlangen nach Erfüllung und Vollkommenheit gemäß den Gesetzen seiner eigenen Natur. Dominiert werden die Veranlagungen und Bedürfnisse von der natürlichen praktischen Vernunft; natürliche Religion ist Wesenspflicht des Menschen, sein Verhältnis zur Gemeinschaft ist durch seine Veranlagung als »der Natur nach gesellschaftliches Lebewesen« selbstverständlich gegeben. Die veranlagungsmäßig vorhandenen natürlichen Tugenden des Menschen sind Qualitäten der praktischen Vernunft und des natürlichen Seelenvermögens, und daraus ergibt sich für Thomas ganz von selbst auch ein natürliches System der Tugenden, die im wesentlichen die gleichen sind, die schon Aristoteles kannte: Weisheit, Tapferkeit, Mäßigkeit und Gerechtigkeit. Für die Erkenntnis richtigen Handelns bedarf der Mensch des Glaubens nicht.

Nun ist allerdings die natürliche Ordnung gestört und das naturgemäße, richtige Handeln beschränkt durch die Sünde, das Laster und die Erbsünde; nicht nur, weil der Mensch schwerfällig und in seinen Anstrengungen zum Guten träge ist, sondern weil seine Natur durch die Erbsünde wesenhaft geschädigt wurde, braucht er die seinsumwandelnde Gnade und Offenbarung, die ihm weit über alles Natürliche hinaus die jenseitigen Ordnungen erschließt. Daß es eine höchste Ordnung des Guten, Wahren, und Schönen gibt, eine übernatürliche

Welt der Offenbarungen und einen Gott, legt Thomas im ersten Teil der Summa dar; sie sind Erkenntnisobjekte der reinen Vernunft des Menschen. Eigentliche Einsicht in diese Ordnungen jedoch ist nur durch Offenbarung und Gnade möglich, und der Weg zur letzten Vollendung, zum »Genießen und Ruhen im höchsten Ziel«, dem »allgemeinen Guten«, das Gott selbst ist, gelingt nur über die Nachfolge Christi und die gelebten, elementar christlichen, verkündeten Tugenden: Glaube, Hoffnung und Liebe.

Aller Anfang ist hingeordnet auf Vollendung. Das liegt zutage sowohl in dem, was naturhaft geschieht, als auch in dem, was durch die Kunst geschaffen wird. So auch ist alle begonnene Vollkommenheit hingeordnet auf die vollendete Vollkommenheit; die aber verwirklicht sich durch das letzte Ziel.

Zur Vollendung der Vollkommenheit des Alls war es notwendig, daß es geschaffene Wesen gebe, die zu Gott zurückkehrten, nicht allein gemäß der Abbildlichkeit ihres Wesens, sondern auch durch ihr Wirken. Dies aber kann nicht anders geschehen als im Akt der Vernunft und des Willens, weil ja auch Gott selbst auf keine andere Weise sich zu sich selbst wirkend verhält. Zur letzten Vollendung des Alls war es also vonnöten, daß es geistige Wesen gebe.

Gut ist das, wonach alle Wesen verlangen, wie der Philosoph (Aristoteles) es aufs beste zuerst gesagt hat. Alle Wesen aber verlangen danach, auf ihre Weise wirklich zu sein. Das wird darin offenbar, daß jegliches Wesen von Natur sich dagegen wehrt, zu verderben. Das Wirklichsein also macht den Begriff des Guten aus.

Es heißt, die Seele sei in bestimmtem Sinn alles, weil sie darauf angelegt ist, alles zu erkennen. Auf diese Weise ist es möglich, daß in einem einzigen Wesen die Vollkommenheit des gesamten Alls Dasein hat. So ist dieses nach den Philosophen die äußerste Vollendung, zu der die Seele gelangen kann: daß in ihr sich abzeichne die ganze Ordnung des Alls und seiner Ursachen. Darein haben sie auch das letzte Ziel des Menschen gesetzt, welches, nach unserer Meinung, in der Gottesschau erreicht sein wird, denn: »Was sehen jene nicht, die den sehen, der alles sieht!« (Gregor der Große)

Offenbar ist der Mensch nicht einzig die Seele, sondern die Seinseinheit aus Seele und Leib. Platon aber, der die Sinneswahrnehmung der Seele als Eigentum zuschrieb, konnte auch behaupten, der Mensch sei die Seele, die sich des Leibes bediene.

Sofern die Seele die Wesensform des Leibes ist, hat sie nicht ein vom Sein des Leibes abgetrenntes Sein; vielmehr ist sie kraft dieses Seins dem Leibe unmittelbar verbunden. Es ist der Seele wesentlich, mit dem Leibe vereinigt zu sein.

Weil die Seele nur ein Teil des menschlichen Wesens ist, darum besitzt sie die Vollkommenheit ihrer Natur nicht außer in der Vereinigung mit dem Leibe.

Es gibt einen gewissen Anfangsgrund der Tugend, welcher der Natur des Einzelmenschen folgt, und wonach der Mensch kraft seiner natürlichen Verfaßtheit zur Betätigung irgendeiner Tugend hinneigt. Und eben diese Neigung ist ein gewisser Anfangszustand der Tugend, nicht jedoch eine vollendete Tugend, da zur vollendeten Tugend die Leitung von seiten der Vernunft gehört. Daher wird auch in der Begriffsbestimmung der Tugend ausgesprochen, daß sie die Auswahl der Mittel gemäß der rechtgeleiteten Vernunft zu treffen hat. Würde nämlich jemand ohne Vernunftentscheid einfach einer solchen Neigung folgen, so würde er häufig sündigen. So hat also dieser Anfangszustand der Tugend ohne die Leistung der Vernunft nicht die Bewandtnis vollendeter Tugend.

Von daher ist es offenkundig, daß zur Vollendung einer Tugend die Leistung der Vernunft erforderlich ist, handle es sich um eine Tugend im Verstand oder im Willen, im begehrenden oder überwindenden Strebevermögen.

Darin aber besteht die Vollendung: Der Anfangszustand der Tugend im höheren (geistigen) Bereich ist hingeordnet auf die Tugend im niederen (sinnlichen) Bereich, so wie der Mensch für die Tugend, die im Willen ist, durch den Anfangszustand der Tugend, die im Willen ist, und durch die Tugend, die im Verstande ist, tauglich gemacht wird, für die Tugend aber, die im begehrenden oder überwindenden Strebevermögen ist, durch den Anfangszustand der Tugend in ihnen und durch diejenige Tugend, die im höheren Bereich ist, nicht jedoch umgekehrt. Von daher ist es offenkundig, daß die Vernunft, die höher steht, bei der Vollendung jeder Tugend mitwirkt.

Näher zu Gott, als ihn die eigene Vernunft zu führen vermöchte, vermag der Mensch zu gelangen durch die Liebe, indem er, selbst nicht wirkend, von Gott selbst sozusagen gezogen wird.

Die menschliche Erkenntniskraft, die natürlicherweise von den sinnfälligen Dingen her sich ihr
Wissen erwirbt, vermag aus sich selbst nicht dahin
zu gelangen, die göttliche Wesenheit in sich selbst
zu schauen, die über alle sinnfälligen Dinge, ja über
alle anderen Wesen unvergleichlich erhaben ist.

Die menschlichen Tugenden vollenden den
Menschen nur, insofern der Mensch darauf einge-
stellt ist, in dem, was er innerlich und äußerlich tut,
sich von der Vernunft leiten zu lassen. Also muß es
im Menschen höhere Vollkommenheiten geben,
die ihn darauf vorbereiten, von Gott her bewegt zu
werden. Und diese Vollkommenheiten werden
Gaben genannt, nicht nur weil sie von Gott einge-
gossen werden, sondern weil der Mensch durch sie
darauf ausgerichtet wird, sich leicht durch göttliche Eingebung bewegen zu lassen. Die Gaben sind
also gewisse Vollkommenheiten des Menschen,
durch die der Mensch darauf ausgerichtet wird,
dem göttlichen Antriebe gut zu folgen. Darum ist
in den Bereichen, in denen der Antrieb von seiten
der Vernunft nicht genügt, sondern ein Antrieb
von seiten des Heiligen Geistes notwendig ist,
folgerichtig eine Gabe notwendig. Die Vernunft
des Menschen aber wird von Gott in doppelter
Weise vervollkommnet. Und zwar erstens durch
eine natürliche Vollkommenheit, nämlich entspre-

chend dem natürlichen Licht der Vernunft. Auf die andere Weise durch eine übernatürliche Vollkommenheit aufgrund der göttlichen Tugenden. Und obwohl diese zweite Vollkommenheit höher steht als die erste, ist die erste doch auf vollkommenere Weise im Besitz des Menschen als die zweite; die erste ist nämlich im Besitz des Menschen gleichsam als vollkommenes Eigentum, die zweite dagegen gleichsam nur als unvollkommenes Eigentum; nur unvollkommen nämlich lieben und erkennen wir Gott.

In Hinordnung auf das letzte übernatürliche Ziel aber, zu dem die Vernunft hinbewegt, sofern sie in etwa und unvollkommen durch die göttlichen Tugenden geformt ist, reicht die Bewegung der Vernunft nur aus, wenn ihr von oben her Antrieb und Bewegung des Heiligen Geistes zur Seite stehen, nach Röm. 8, 14, 17: »Die sich vom Geiste Gottes leiten lassen, sind Söhne Gottes; und wenn Söhne, dann auch Erben.« Und darum ist es zur Erreichung jenes Zieles für den Menschen notwendig, die Gabe des Heiligen Geistes zu besitzen.

Die Geistgeschenke unterscheiden sich von den Tugenden darin, daß die Tugenden zu einem Wirken auf menschliche Weise vervollkommnen, die

Geistgeschenke aber über menschliche Weise hinaus, was offenbar wird in Glauben und Einsicht. Die naturmäßige Weise des Menschenwesens ist, daß es die göttlichen Dinge nicht anders denn durch den Spiegel der Geschöpfe und durch das Rätsel der Gleichnisse erfasse; und zu solcher Erfassung des Göttlichen vervollkommnet uns der Glaube, welcher eine Tugend genannt wird. Das Geistgeschenk der Einsicht aber erleuchtet, wie Gregor sagt, den Geist über das, was er gehört hat, so daß der Mensch auch schon in diesem Leben ein Vorauskosten der künftigen Offenbarung empfängt; dazu stimmt auch der Name Geistgeschenk. Das nämlich muß im eigentlichen Sinne Geschenk heißen, was dem, der es besitzt, einzig aus der Freigebigkeit des Schenkenden zukommt, nicht aber, weil es ihm nach seiner Seinsverfassung irgend geschuldet wäre.

Niccolò Machiavelli

Niccolò Machiavelli (1469 bis 1527) steht im Ruf, der Theoretiker und Systematiker des rücksichtslosen politischen Egoismus der Renaissance-Menschheit zu sein; am lebendigen Beispiel des erfolgreichen Machtpolitikers Cesare Borgia und am Vorbild der römischen Geschichte hat Machiavelli in seinen Discorsi, *im* Principe, *in der* Arte della Guerra *und in seiner* Florentinischen Geschichte *die Ursachen und Gründe für den politischen Erfolg aufgezeigt und die Prinzipien einer politischen Kunst entwickelt, deren Zweck alle Mittel heiligt und die daher bis heute sicher zu Recht das Beiwort »machiavellistisch« trägt. Als Begründer und Verteidiger einer reinen Machtethik ist Machiavelli in die Geistesgeschichte eingegangen, und* Der Fürst (Il Principe) *soll die Lieblingslektüre Hitlers gewesen sein. Der* »Fürst« *will die Herrschenden lehren, wie sie zur Macht gelangen und sich diese sichern können, wie sie politische Gegner ausschalten können und mit welchen Mitteln sich ein politisch mißvergnügtes Volk beherrschen läßt. Machiavellis Ratschläge sind das Resultat der gründlichen Kenntnisse, die er über das Wesen, die Psychologie, die Schwächen und Grenzen der Menschen*

besaß. Jede moralische Erwägung ist – so Machiavelli –
sinnlos, denn die Lebenswirklichkeit verleugnet jede
ideale Ordnung. Der Erfolg allein rechtfertigt die ange-
wandten Mittel. Der Machtmensch ist eine ästhetische
Erscheinung, der Kampf um die Selbstbehauptung und
die Macht ist reines, faszinierendes Schauspiel, das auf
der Bühne des Lebens dargeboten wird.

Man könnte fragen, woher es kommt, daß Aga-
thokles und andere seinesgleichen nach unzähligen
Verrätereien und Grausamkeiten sich eines langen,
sicheren Lebens in ihrer Vaterstadt erfreuen und
der auswärtigen Feinde erwehren konnten und daß
ihre Mitbürger nie sich gegen sie verschworen,
während viele andere durch Grausamkeiten nicht
einmal im Frieden ihre Herrschaft zu behaupten
vermochten, geschweige denn in unsicheren
Kriegszeiten. Ich glaube, das hängt davon ab, ob
die Grausamkeiten gut oder schlecht angewandt
sind. Gut angewandt kann man diejenigen nennen – wenn anders man das Schlechte gut nennen
darf –, die ein Fürst begeht, aus Notwendigkeit,
um sich zu sichern, und bei denen er späterhin
nicht verharrt, sie vielmehr, soweit möglich, zum
Wohle der Untertanen zu wenden sucht. Schlecht
angewandt sind diejenigen, welche zwar im An-

fang gering an Zahl sind, mit der Zeit aber eher zunehmen als verschwinden.

Gewalttaten muß man alle auf einmal begehen, damit sie weniger empfunden werden und dadurch weniger erbittern. Wohltaten dagegen muß man nach und nach erweisen, damit sie nachhaltiger wirken.

Ein Fürst darf es sich also nicht anfechten lassen, grausam gescholten zu werden, wenn er seine Untertanen einig und treu erhalten will. Denn einige wenige abschreckende Strafen sind viel milder als übertriebene Langmut, welche die Mißstände so weit einreißen läßt, bis Mord und Raub daraus entstehen. Dadurch wird die Allgemeinheit betroffen, durch ein Todesurteil des Fürsten aber nur ein einzelner.

Denn zwischen dem Leben, wie es ist und wie es sein sollte, ist ein so gewaltiger Unterschied, daß, wer das, was man tut, aufgibt für das, was man tun sollte, eher seinen Untergang als seine Erhaltung bewirkt; ein Mensch, der immer nur das Gute tun wollte, muß zugrunde gehen unter so vielen, die nicht gut sind. Daher muß ein Fürst, der sich behaupten will, auch imstande sein, nicht gut zu

handeln und das Gute zu tun und zu lassen, wie es die Umstände erfordern.

Wie rühmlich es für einen Fürsten ist, die Treue zu halten und redlich, ohne Falsch, zu leben, sieht jeder ein. Nichtsdestoweniger lehrt die Erfahrung, daß gerade in unseren Tagen *die* Fürsten Großes ausgerichtet haben, die es mit der Treue nicht genau nahmen und es verstanden, durch List die Menschen zu umgarnen; und schließlich haben sie die Oberhand gewonnen über die, welche es mit der Rechtlichkeit hielten. Man muß nämlich wissen, daß es zweierlei Waffen gibt: die des Rechtes und die der Gewalt. Jene sind dem Menschen eigentümlich, diese den Tieren. Aber da die ersten oft nicht ausreichen, muß man gelegentlich zu den andern greifen.

Natürlich wird jeder zugeben, daß es höchst lobenswert wäre, wenn ein Fürst von allen aufgezählten Eigenschaften nur die besäße, welche für gut gelten. Aber da die Natur des Menschen es nun einmal nicht zuläßt, daß er sie alle besitzt oder immer ausübt, muß er klug genug sein, den üblichen Ruf derjenigen Laster zu meiden, die ihm die Herrschaft rauben können, und vor denjenigen, die seine Herrschaft nicht gefährden, sich hüten, sofern er es vermag. Vermag er es aber nicht, so darf er sich ihnen unbedenklicher hingeben. Ja, er darf sich nicht scheuen in den Ruf solcher Laster zu geraten, die er zur Behauptung seiner Herrschaft nicht leicht entbehren kann. Denn alles wohl erwogen, gibt es Eigenschaften, die für Tugenden gelten und die seinen Untergang herbeiführen würden, und andere, die für Laster gelten und auf denen seine Sicherheit und Wohlfahrt beruht.

Daran knüpft sich eine Streitfrage: ob es besser sei, geliebt zu werden als gefürchtet, oder umgekehrt. Die Antwort lautet, daß es am besten wäre, geliebt und gefürchtet zu sein; da es aber schwer ist, beides zu vereinigen, ist es weit sicherer, gefürchtet zu sein als geliebt, wenn man schon auf eins verzichten muß. Denn von den Menschen läßt sich im allgemeinen so viel sagen, daß sie undankbar, wankelmütig und heuchlerisch sind, voll Angst vor Gefahr, voll Gier nach Gewinn. Solange sie von dir Vorteil ziehen, sind sie dein mit Leib und Seele: sie sind bereit, dir ihr Blut, ihre Habe, ihr Leben, ihre Kinder zu opfern, solange die Not fern ist. Kommt sie aber heran, so empören sie sich. Ein Fürst, der sich ganz auf ihre Versprechungen verlassen und keinerlei anderweitige Vorkehrungen getroffen hat, ist verloren. Denn wer Freunde durch Geld und nicht durch großherzige Gesinnung gewinnt, erwirbt sie, ohne sie zu besitzen, und kann in der Zeit der Not nicht auf sie zählen. Auch scheuen die Menschen sich weniger, einen Fürsten zu verletzen, der beliebt, als einen, der gefürchtet ist. Denn das Band der Liebe ist die Dankbarkeit, und da die Menschen schlecht sind, zerreißen sie es bei jeder Gelegenheit um ihres eigenen Vorteils willen; das Band der Furcht aber ist die Angst vor Strafe, die den Menschen nie verläßt.

Es ist also nicht nötig, daß ein Fürst alle aufgezählten Tugenden besitzt, wohl aber, daß er sie zu besitzen scheint. Ja, ich wage zu behaupten, daß sie schädlich sind, wenn man sie besitzt und stets ausübt, und nützlich, wenn man sie zur Schau trägt. So muß der Fürst Milde, Treue, Menschlichkeit, Redlichkeit und Frömmigkeit zur Schau tragen und besitzen, aber wenn es nötig ist, imstande sein, sie in ihr Gegenteil zu verkehren.

Deshalb muß er verstehen, sich zu drehen und zu wenden nach dem Winde und den Wechselfällen des Glückes, und am Guten festhalten, soweit es möglich ist, aber im Notfall vor dem Schlechten nicht zurückschrecken. Ein Fürst muß sich also sehr hüten, daß irgend etwas über seine Zunge kommt, was gegen eine der fünf aufgezählten Tugenden verstößt, und wenn man ihn sieht und hört, ein Muster von Milde, Treue, Redlichkeit und Gottesfurcht scheinen. Besonders der Schein dieser letzten Tugend ist für ihn unerläßlich. Die Menschen urteilen im allgemeinen mehr nach den Augen als nach den Händen; denn jeder ist in der Lage, zu sehen, nur wenige haben Gelegenheit, zu berühren. Jeder sieht, was der Fürst zu sein scheint, nur wenige können mit Händen greifen, was er ist, und diese wenigen wagen nicht, der Meinung der Menge entgegenzutreten, die obendrein die Majestät des Staates auf ihrer Seite hat. Zudem beurteilt man die Taten der meisten Menschen, und insbesondere der Fürsten, die keinen Richter über sich haben, nach dem Erfolg. Ein Fürst braucht nur zu siegen und seine Herrschaft zu behaupten, so werden die Mittel dazu stets für ehrenvoll gelten und von jedem gepriesen werden. Denn der Pöbel läßt sich durch den Augenschein und den Erfolg bestechen, und in der Welt gibt es nur Pöbel – die wenigen richten nichts aus, wenn die Menge einen Rückhalt hat.

Ferner glaube ich, daß *der* Glück hat, welcher mit seiner Art zu handeln in die Zeit paßt, und ebenso *der* Unglück, dessen Handlungsweise nicht zur Zeit stimmt. Die Menschen verfahren verschieden, um das Ziel, das jeder vor Augen hat, Ruhm und Reichtum, zu erlangen: der eine handelt bedächtig, der andere ungestüm, der eine wendet Gewalt an, der andere List, der zeigt Geduld, jener das Gegenteil, und jeder kann auf seine Weise Erfolg haben. Ferner sieht man von zwei Bedächtigen den einen sein Ziel erreichen. den andern nicht, und ebenso zwei gleicherweise Glück haben bei entgegengesetztem Verfahren, indem der eine bedächtig, der andere ungestüm ist. Der Grund hierfür liegt einzig im Charakter der Zeit, der mit ihrer Handlungsweise übereinstimmt oder nicht.

Ich komme also zu dem Schluß, daß, da die Zeiten sich ändern, die Menschen aber an ihrer Art festhalten, sie glücklich sind, solange beide zusammenpassen, und unglücklich, sowie diese Übereinstimmung fehlt.

Auch glaube kein Staat, einen Entschluß fassen zu können, bei dem er sichergeht; er muß vielmehr damit rechnen, daß er bei jedem Gefahr läuft. Denn es liegt in der Natur der Dinge, daß man nie einen Nachteil vermeiden kann, ohne sich einem andern auszusetzen. Die Klugheit besteht eben in

der Fähigkeit, die Nachteile gegeneinander abzuwägen und das kleinere Übel zu wählen.

So gelangt man zu dem Schluß, daß die Menschen
weder mit Anstand böse noch vollendet gut zu sein
vermögen – und daß sie eine böse Handlung nicht
begehen können, wenn dazu eine gewisse Größe
oder ein ganzes Herz erforderlich ist.

Michel de Montaigne

Michel de Montaigne (1533 bis 1592) nimmt, als erster seit Augustinus, die Selbstbetrachtung und die Selbstschau wieder auf und versucht, im Nachdenken über sich selbst den Maßstab für richtiges ethisches Verhalten zu finden. Im Gegensatz zum Mittelalter jedoch, das noch eine sichere und verbindliche Ordnung aller Werte kannte, auf die man sich berufen und verlassen konnte, spürt man bei Montaigne ein Mißtrauen sich selbst, der eigenen Erfahrung und allen Wertmaßstäben gegenüber. Es ist ein Mißtrauen, das seinen Ursprung hat in der Befreiung des Individuums durch die Renaissance und zudem beeinflußt und geprägt wird durch die Reformation und die Glaubenskriege in Frankreich.

Diese Skepsis Montaignes richtet sich allerdings nicht nach außen, auf die Umwelt und auf die Welt der erlebbaren Dinge; Montaigne mißtraut in erster Linie sich selbst und seinen eigenen Erfahrungen. Und so stellt er sich denn sein Leben lang die Frage »que sais-je?« – »was weiß ich?« Der Versuch, auf diese Frage eine brauchbare Antwort zu finden, fällt zusammen mit dem Versuch Montaignes, sein Leben in vollem Bewußtsein zu leben, sich dabei gleichzeitig unablässig zu beobach-

ten und darüber in den Essais *(den Versuchen)* dem Leser zu berichten.

Der Versuch Montaignes, das eigene Leben zu beschreiben, ist dabei mehr als nur eine Autobiographie; die Essais sind vor allem auch ethische Reflexionen, denn an der Frage des »Was weiß ich?« mißt und beurteilt Michel de Montaigne seine ganze Existenz nicht nur der Wahrheit, sondern auch der Güte nach. Dabei folgt Montaigne allerdings keinem System, er bietet auch keine »Lebensphilosophie« an, der man als Leser unbesehen folgen könnte; die Essais vermitteln lediglich die Begegnung mit einem Menschen, der von höchstem ethischem Bewußtsein erfüllt war und trotzdem – oder gerade deshalb – niemandem Verhaltensmaßregeln aufdrängt. Die sollte jeder in seiner gelebten und reflektierten Existenz selber finden.

Die Menschen (sagt eine alte griechische Sentenz) werden von den Meinungen gepeinigt, die sie von den Dingen haben, nicht von den Dingen selbst. Es wäre ein großer Gewinn für die Erleichterung des elenden menschlichen Loses, wenn man diesen Satz durchgängig als wahr erweisen könnte. Denn wenn das Übel nicht anders als durch unser Denken Eingang bei uns findet, so muß es in unserer Macht stehen, es zu verachten oder zum Guten zu

wenden. Wenn sich die Dinge nach unserem Gut-
finden fügen, warum verfügen wir nicht über sie
oder schalten mit ihnen nach unserem Vorteil?
Wenn das, was wir Übel und Pein nennen, für sich
selbst genommen weder Übel noch Pein ist, sondern unsere Einbildung ihm diese Eigenschaft
gibt, so liegt es an uns, es zu ändern. Und wenn wir
die Wahl haben und niemand uns zwingt, so sind
wir absonderliche Toren, uns gerade auf das zu
versteifen, was uns am verdrießlichsten ist, und
den Krankheiten, der Not und der Schande einen
bitteren und üblen Geschmack zu geben, wenn wir
ihnen einen guten geben können und wenn es an
uns ist, dem Geschick, das uns nichts weiter als den
rohen Stoff liefert, Gestalt zu leihen. Daß aber das,
was wir Übel nennen, es nicht an sich selbst ist,
oder daß zumindest so, wie es ist, es von uns
abhängt, ihm einen anderen Geschmack und ein
anderes Gesicht zu geben, denn all das kommt auf
eines hinaus: sehen wir zu, ob es sich aufrechterhal-
ten läßt.

Wenn das eigentliche Wesen der Dinge, die wir
fürchten, das Vermögen hätte, sich aus eigener
Macht bei uns kundzutun, so würde sich alles
gleich und auf einerlei Art bei allen kundtun: denn
die Menschen sind alle von einer Gattung und sind,

vom Mehr oder Weniger abgesehen, mit gleicherlei Werkzeugen und Organen der Wahrnehmung und Urteilskraft ausgestattet. Aber die Vielfalt der Meinungen, die wir über diese Dinge hegen, zeigt deutlich, daß sie nur bedingungsweise bei uns Aufnahme finden: der eine nimmt sie vielleicht in ihrer wahren Bewandtnis in sich auf, aber tausend andere geben ihnen bei sich ein anderes und entgegengesetztes Wesen.

Es ist ungewiß, wo der Tod unser wartet; erwarten wir ihn überall. Die Besinnung auf den Tod ist Besinnung auf die Freiheit. Wer sterben gelernt hat, der hat das Dienen verlernt. Sterben zu wissen, befreit uns von aller Unterwerfung und allem Zwang. Das Leben hat keine Übel mehr für den, der recht begriffen hat, daß der Verlust des Lebens kein Übel ist.

Ich habe nicht diesen gewöhnlichen Fehler, über andere nach mir selbst zu urteilen. Ich halte ihnen gern Dinge zugute, die mir selbst fremd sind. Wenn ich mich selbst zu einem Verhalten verpflichtet fühle, so nötige ich es deshalb nicht der Welt auf, wie es jedermann tut; und anerkenne und begreife tausend widersprechende Lebensweisen; und im Gegensatz zum allgemeinen Brauch lasse ich leichter die Verschiedenheit als die Ähnlichkeit unter uns gelten. Ich erlasse, so viel man verlangt, einem andern Wesen meine eigenen Lebensregeln und Grundsätze und betrachte es nur in sich selbst, ohne Beziehung auf anderes, und statte es nach seinem eigenen Bilde aus.

Was jenes schöne Wort betrifft, hinter dem sich der Ehrgeiz und die Habsucht verbergen: daß wir nicht für uns selber allein, sondern für die Allgemeinheit geboren sind, wenden wir uns getrost an jene, die in diesem Reigen tanzen; mögen sie die Hand aufs Herz legen, ob im Gegenteil die Würden, die Ämter und all diese Plackereien der Welt nicht vielmehr angestrebt werden, um aus der Allgemeinheit einen eigennützigen Gewinn zu ziehen. Die elenden Mittel, mit denen man sich in unserer Zeit dazu drängt, zeigen wohl, daß der Zweck wenig taugt.

Mir ist der Geruch der Schmeichelei auf den Tod verhaßt: was zur Folge hat, daß ich ganz natürlicherweise in einen dürren, bündigen und unumwundenen Ton verfalle, welcher für jemand, der mich sonst nicht kennt, einen Anflug von Abschätzigkeit hat. Ich ehre die am meisten, die ich am wenigsten ehre; und wo meine Seele mit großer

Freude ausschreitet, da vergesse ich den gemesse-
nen Schritt des Wohlverhaltens. Und ich gebe
mich denen wortkarg und zurückhaltend, denen
ich mich verbunden fühle, und anerbiete mich
denen am wenigsten, denen ich am tiefsten ergeben bin: mir scheint, daß sie es in meinem Herzen
lesen müßten und daß die Aussage meiner Worte
mein Empfinden herabsetzt.

Die Verfassung eines Menschen, der ein abscheuli-
ches Leben mit Andacht verquickt, scheint mir
noch um einiges verdammenswerter zu sein als die
eines Menschen aus einem Gusse, der sittenlos
durch und durch ist. Und doch verwehrt unsere
Kirche tagtäglich den in gewissen unerhörten Lastern Verstockten die Gnade ihres Eintritts und
ihrer Gemeinschaft. Wir beten aus Brauch und
Angewohnheit, oder genauer gesagt, wir lesen
und reden unsere Gebete her. Am Ende ist es nichts
als Gebärde. Und es mißfällt mir, wenn ich beim
Gebet vor Tisch drei Kreuze schlagen sehe und
ebenso viele beim Dankgebet (und mißfällt mir um
so mehr, als es ein Zeichen ist, das ich verehre und
beständig brauche, sogar wenn ich gähne), und die
Leute inzwischen alle übrigen Stunden des Tages
sich dem Haß, dem Geiz und der Ungerechtigkeit
hingeben sehe.

Den Lastern ihre Stunde, und dem Herrgott seine Stunde, wie nach Vergleich und Übereinkunft. Es ist ein wahres Wunder, so widerstreitende Handlungen sich so in einem Zuge folgen zu sehen, daß sich selbst an den Nahtstellen und Übergängen von der einen zur andern keinerlei Unterbrechung und Veränderung bemerken läßt.

Ich glaube, daß die Tugend etwas anderes und Edleres ist als die Anwandlungen von Güte, die sich in uns regen. Die Seelen von rechter Selbstzucht und von guter Art gehen denselben Gang und zeigen in ihren Handlungen dieselben Züge wie die von Tugend erfüllten. Aber in der Tugend klingt ich weiß nicht welch höhere und tatkräftigere Größe an als die, sich von einer glücklichen Gemütsart sanft und friedlich auf den Wegen der Vernunft führen zu lassen. Wer aus angeborener Sanftmut und Duldsamkeit die empfangenen Beleidigungen hintansetzte, täte etwas sehr Schönes und Lobenswertes: der aber, der sich, von einer solchen Beleidigung bis ins Innerste getroffen und herausgefordert, mit den Waffen der Vernunft gegen die kochende Rachgier wappnete und nach heftigem Kampfe ihrer endlich Herr würde, der vollbrächte ohne Zweifel weit Größeres. Jener würde gut, dieser aber verdienstlich handeln; das eine Verhalten könnte man Güte nennen, das andere Tugend: denn es scheint, daß der Name der Tugend Schwierigkeit und Kampf voraussetzt und daß sie nicht ohne Widersacher geübt werden kann.

Den Lohn der guten Tat im fremden Beifall suchen, heißt auf allzu ungewissen und gleitenden Grund bauen . . . Nur ihr selbst wißt, ob ihr treulos und grausam, oder ob ihr getreu und fromm seid; die anderen sehen euch nicht, sie erraten euch nach ungewissen Vermutungen; sie sehen nicht sowohl, wie ihr seid, als wie ihr euch gebt. Darum haltet euch nicht an ihr Urteil; haltet euch an das eure.

Baruch de Spinoza

Baruch de Spinozas (1632 bis 1677) Hauptwerk nennt sich Ethik, in geometrischer Weise dargestellt, *doch paradoxerweise ist dieses Werk nur am Rande eine Ethik; im wesentlichen ist es Ontologie, Seinslehre also, und für den, der in dieser Ethik eine Tugendlehre oder Anleitungen zum guten Tun sucht, fällt wenig ab.*

Spinoza ist geistesgeschichtlich ein Schüler von Descartes, doch bevor er auf Descartes stieß, hatte er die Bibel und den Talmud, jüdische Philosophen und mittelalterliche Scholastik in sich aufgenommen, und die Ethik *stellt nun den Versuch dar, all das zu verarbeiten. Dabei geht er, als Sohn des rationalistischen Zeitalters, streng »geometrisch« vor, doch gleichzeitig stellt er Descartes in manchen Punkten wieder in Frage.*

Bei Descartes steht auf der einen Seite der Mensch im absoluten Bewußtsein seiner selbst – ich denke, daher bin ich –, auf der andern Seite steht die Welt als reine, wissenschaftlich aufgefaßte Materie. Spinoza versucht nun, in seiner Ethik aus diesem Dualismus von Subjekt und Objekt wieder ein geschlossenes System zu machen, und dieses System heißt bei ihm »Substanz«. Substanz ist das All und das Eine, das Spinoza gleichsetzt mit

Gott und der Natur, und dieses All und Eine ist zugleich das Wahre und das Gute. Jedes Einzelwesen strebt danach, sein Dasein zu behaupten, also auch der Mensch. Alles menschliche Handeln vollzieht sich mit Naturnotwendigkeit und in unbeirrbarer Folgerichtigkeit. Für das, was man gemeinhin Willensfreiheit nennt, ist dabei kein Platz. Daher gibt es zunächst auch kein allgemeingültiges Prinzip für das menschliche Verhalten, da der Mensch ja bloß dem Gesetz seiner Selbstbehauptung folgt. Tugend ist nichts anderes als die Fähigkeit des Menschen, seine Selbstbehauptung durchzusetzen: »Unbedingt aus Tugend handeln ist dasselbe, wie nach den Gesetzen der eigenen Natur handeln.«

Die Natur des Menschen besteht wesentlich darin, daß er Vernunftwesen ist. Der Mensch handelt also dann seiner Natur gemäß, wenn er auf der Grundlage des Strebens nach dem eigenen Nutzen unter der Leitung der Vernunft handelt. Die Vernunft wiederum lehrt uns, die widerstrebenden Triebe miteinander gleichsam geometrisch ins richtige Verhältnis zu bringen. Außerdem kann die Vernunft selbst zu einer Leidenschaft werden und als solche zum Nutzen des Menschen wirken. Endlich führt die Vernunft noch einen Schritt weiter und höher hinauf, indem sie alles in seinem ewigen, notwendigen Zusammenhang erfaßt und begreift. Indem die Vernunft die Dinge in ihrem Zusammenhang sieht, begreift sie sie zugleich in ihrer gesetzmäßigen Notwen-

digkeit. Da aber alles, was notwendig ist, Gottes Wille
ist (den Spinoza nicht beweist, sondern als selbstver-
ständlich, als »Substanz« hinnimmt), ist das fortschrei-
tende Erkennen und Bejahen des Notwendigen zugleich
wachsende Liebe zu Gott und Fügung in seinen Willen.
Lohn der Tugend ist nicht die Seligkeit, sondern die
Tugend selbst; das vernunftgemäße Handeln nach den
Gesetzen der eigenen Natur ist schon die Seligkeit.

Nachdem die Menschen sich einmal eingeredet
hatten, daß alles, was da geschieht, ihretwegen
geschehe, so mußten sie bei jedem Dinge dasjenige
als die Hauptsache beurteilen, was ihnen am nütz-
lichsten war, und alles das als das Wertvollste
schätzen, was am angenehmsten auf sie wirkte.
Daher mußten sie denn, um die Natur der Dinge
zu erklären, Begriffe bilden, wie *Gut, Böse, Ordnung, Verwirrung, Warm, Kalt, Schönheit, Häßlichkeit;* und daraus, daß sie sich für frei halten, sind die
Begriffe entstanden *Lob* und *Tadel, Vergehen* und
Verdienst. Alles, was zum Wohlbefinden und zur
Verehrung Gottes beiträgt, haben die Menschen
gut, alles, was dem entgegengesetzt ist, haben sie
bös genannt. Und weil diejenigen, welche die
Natur der Dinge nicht verstehen, nichts von den
Dingen selbst aussagen, sondern sie nur (sinnlich)

vorstellen und das Vorstellungsvermögen für den Verstand nehmen, darum glauben sie in ihrer Unkenntnis der Dinge und deren Natur unerschütterlich an eine *Ordnung* der Dinge.

Da die Vernunft nichts wider die Natur fordert, so verlangt sie demnach selbst, daß ein jeglicher sich selber liebe, seinen Nutzen – nämlich was ihm wahrhaft nützlich sei – aufsuche und alles das erstrebe, was den Menschen wahrhaft zu größerer Vollkommenheit führt, und überhaupt, daß jedermann, so viel an ihm liegt, sein Sein zu erhalten bestrebt sei. Dies ist ja ebenso notwendig wahr, wie daß das Ganze größer ist als sein Teil. Da nun ferner Tugend nichts anderes ist, als zu handeln aus den Gesetzen der eigenen Natur heraus, und da jeder sein Sein lediglich nach den Gesetzen seiner eigenen Natur zu erhalten sucht, so folgt daraus:

Erstens, daß die Grundlage der Tugend eben dies Bestreben nach Erhaltung des eigenen Seins ist, und daß das Glück darin besteht, daß der Mensch imstande ist, sein Sein zu erhalten.

Zweitens folgt, daß die Tugend um ihrer selbst willen erstrebt werden muß, und daß es nichts gibt, was vortrefflicher oder uns nützlicher wäre, weswegen es erstrebt werden müßte, als eben sie.

Das Bestreben nach Selbsterhaltung ist die erste und einzige Grundlage der Tugend. Denn früher als dieses Prinzip kann kein anderes gedacht werden, und ohne dasselbe ist überhaupt keinerlei Tugend denkbar.

Unbedingt aus Tugend handeln ist nichts anderes in uns, als nach Anleitung der Vernunft handeln, leben, sein Sein erhalten – diese drei Ausdrücke bedeuten dasselbe –, und zwar aus dem Grunde des Suchens nach dem eigenen Nutzen.

Wonach immer wir aus Vernunft streben, das ist nichts anderes als das Erkennen; und sofern der Geist von der Vernunft Gebrauch macht, beurteilt er nur dasjenige, als für ihn selbst nützlich, was zur Erkenntnis hinführt.

Nur von dem wissen wir gewiß, daß es gut oder daß es schlecht sei, was wahrhaft zur Erkenntnis hinführt, oder was zu hindern vermag, daß wir erkennen.

Kein Ding kann durch dasjenige, was es mit unserer Natur gemein hat, schlecht sein; sondern sofern es für uns schlecht ist, insofern ist es uns entgegengesetzt.

Sofern ein Ding mit unserer Natur übereinstimmt, insofern ist es notwendig gut [. . .] Hieraus folgt, daß ein Ding desto nützlicher oder besser für uns ist, je mehr es mit unserer Natur übereinstimmt, und umgekehrt, je nützlicher ein Ding für uns ist, desto mehr stimmt es eben dadurch mit unserer Natur überein. Denn sofern es mit unserer Natur nicht übereinstimmt, wird es notwendig von unserer Natur verschieden oder ihr entgegengesetzt sein. Ist es von ihr verschieden, dann wird es (. . .) weder gut noch schlecht sein; ist es ihr aber entgegengesetzt, so wird es also auch dem entgegengesetzt sein, was mit unserer Natur übereinstimmt, d. h. es wird dem Guten entgegengesetzt, oder schlecht sein. Es kann demnach etwas nur gut sein, sofern es mit unserer Natur übereinstimmt, und folglich ist ein Ding um so nützlicher, je mehr es mit unserer Natur übereinstimmt – und umgekehrt.

Weil aber ein jeder aus den Gesetzen seiner Natur heraus dasjenige verlangt, was er als gut, und das zu entfernen sucht, was er als schlecht beurteilt, und da überdies dasjenige, was wir nach dem Gebote der Vernunft als gut oder schlecht beurteilen, auch notwendig gut oder schlecht ist, so tun die Menschen, sofern sie nach Anleitung der Vernunft leben, und zwar dann notwendigerweise nur dasjenige, was für die menschliche Natur und folglich für jeden einzelnen Menschen notwendig gut ist, d. h. was mit der Natur eines jeden Menschen übereinstimmt. Daher stimmen die Menschen auch untereinander immer notwendig überein, soweit sie nach Anleitung der Vernunft leben.

Alle Begierden und Handlungen sodann, deren Ursache wir sind, sofern wir eine Idee von Gott haben, oder sofern wir Gott erkennen, rechne ich zur *Religion*. Die Begierde aber, gut zu handeln, die daraus entsteht, daß wir nach Anleitung der Vernunft leben, nenne ich *Frömmigkeit* (pietas).

Wenn wir auch nicht wüßten, daß unser Geist ewig ist, so würden wir doch Frömmigkeit und Religion und überhaupt alles, was wir im vierten Teil als zur Willensstärke und zum Edelsinn gehörig aufgezeigt haben, für das Wichtigste halten.

Beweis. Die erste und einzige Grundlage der Tugend oder der richtigen Lebensweise ist das Suchen nach dem eigenen Nutzen. Um aber das zu bestimmen, was die Vernunft als nützlich vorschreibt, haben wir keinerlei Rücksicht genommen auf die Ewigkeit des Geistes, die wir erst in diesem fünften Teil kennengelernt haben. Obzwar wir also dort noch nicht wußten, daß der Geist ewig ist, haben wir doch das als das Wichtigste geschätzt, was wir als zur Willensstärke und zum Edelsinn gehörig aufgezeichnet hatten; und demnach würden wir, falls wir dies auch jetzt nicht wüßten, dennoch die Vorschriften der Vernunft für das Wichtigste halten.

Die Glückseligkeit ist nicht der Lohn der Tugend, sondern die Tugend selbst; und wir erfreuen uns ihrer nicht deshalb, weil wir die Lüste hemmen, sondern umgekehrt, weil wir uns jener erfreuen, darum sind wir imstande, die Lüste zu hemmen.

Immanuel Kant

Mit Immanuel Kant (1724 bis 1804) endet der Versuch der abendländischen, christlich inspirierten Philosophie, Wissen und Glauben, Erfahrung und Offenbarung durch denkerische Anstrengung miteinander in Einklang zu bringen. Was die Vernunft erkennt und was der Glaube zu erfassen glaubt, sind zwei grundsätzlich verschiedene Dinge. Der Philosoph hat sich allein mit der Vernunft zu beschäftigen, das jedoch mit der vollen Schärfe des Geistes und einem Höchstmaß an kritisch-philosophischer Analyse. So steht Kant philosophie-geschichtlich am Ende einer langen Entwicklung und zugleich am Beginn der neuzeitlichen Philosophie.

Die Ethik Kants ist zunächst ein Teil der Kritik der Vernunft, nämlich die Kritik der praktischen Vernunft. In der Kritik der reinen Vernunft hatte Kant die Grenzen und die Fähigkeiten der Vernunft, insofern sie erkennt, aufgewiesen. Kant mußte dabei entdecken, daß gerade das, was die Vernunft am dringendsten wissen möchte, von ihr nicht erkannt werden kann: Gott, die Unsterblichkeit der Seele, ob es wirklich Dinge an sich gibt und ob die Welt einen letzten Zweck hat. In der Kritik der praktischen Vernunft entdeckt Kant nun aber für den Menschen, insofern er handelt, eine »Tatsache«, die die Unmöglichkeit (und damit den Verlust) der erkennenden Vernunft wieder kompensiert. Kant nennt diese »Tatsache« die Freiheit und meint damit, daß jeder Mensch bei jeder seiner Taten immer genau wissen kann, ob diese Tat dem entspricht, was er jetzt gerade tun sollte. Früher hätte man dieses Wissen das Gewissen genannt. Kant nennt es den kategorischen Imperativ und formuliert diesen so: »Handle so, daß die Maxime deines Willens jederzeit zugleich das Prinzip einer allgemeinen Gesetzgebung sein könnte.«

Der kategorische Imperativ unterscheidet sich vom alten Gewissen einzig dadurch, daß der Mensch mit ihm nun auf nichts außer auf diesen Imperativ angewiesen ist, um gut sein zu können, denn der kategorische Imperativ oder die Freiheit ist eine Tatsache der menschlichen Vernunft in ihrem praktischen Bereich. Diese Tatsache wiederum macht es möglich – und, wie Kant sagt, sogar vernünftig –, daß der Mensch die Dinge, die er zwar nicht erkennen kann, Gott also zum Beispiel oder die Unsterblichkeit der Seele, im Hinblick auf sein sittliches Tun annehmen und fordern kann. Früher hätte man das Glauben genannt. Der Unterschied zum Glauben besteht bei Kant jetzt aber darin, daß er genau weiß, wo und warum das Wissen des Menschen seine Grenze hat und wo und warum der Mensch deshalb vernünftigerweise glauben soll. Durch die kritische Analyse dessen,

was der menschlichen Vernunft möglich, vor allem aber, was ihr nicht möglich ist, konnte Kant zu absolut gültigen Prinzipien unserer Sittlichkeit gelangen. Von diesen absolut gültigen Prinzipien her wiederum konnte er ein System der Sittlichkeit entdecken und entwickeln, die Metaphysik der Sitten, *die nichts anderes ist als ein Gebäude all der Pflichten, die wir aus uns selbst erkennen und damit von uns wie auch von allen andern fordern können.*

Alles Interesse meiner Vernunft (das spekulative sowohl als das praktische) vereinigt sich in folgenden drei Fragen:

1. Was kann ich wissen?
2. Was soll ich tun?
3. Was darf ich hoffen?

Die erste Frage ist bloß spekulativ. Wir haben (wie ich mir schmeichele) alle mögliche Beantwortungen derselben erschöpft, und endlich diejenige gefunden, mit welcher sich die Vernunft zwar befriedigen muß, und, wenn sie nicht aufs Praktische sieht, auch Ursache hat zufrieden zu sein; sind aber von den zwei großen Zwecken, worauf diese ganze Bestrebung der reinen Vernunft eigentlich gerichtet war, eben so weit entfernet geblieben, als ob wir uns aus Gemächlichkeit dieser Arbeit gleich anfangs verweigert hätten. Wenn es also um Wissen zu tun ist, so ist wenigstens so viel sicher und ausgemacht, daß uns dieses, in Ansehung jener zwei Aufgaben, niemals zu Teil werden könne.

Die zweite Frage ist bloß praktisch. Sie kann als eine solche zwar der reinen Vernunft angehören, ist aber alsdenn doch nicht transzendental, sondern moralisch, mithin kann sie unsere Kritik an sich selbst nicht beschäftigen.

Die dritte Frage, nämlich: wenn ich nun tue, was ich soll, was darf ich alsdenn hoffen? ist praktisch und theoretisch zugleich, so, daß das Praktische nur als ein Leitfaden zu Beantwortung der theoretischen, und, wenn diese hoch geht, spekulativen Frage führet. Denn alles *Hoffen* geht auf Glückseligkeit, und ist in Absicht auf das Praktische und das Sittengesetz eben dasselbe, was das Wissen und das Naturgesetz in Ansehung der theoretischen Erkenntnis der Dinge ist. Jenes läuft zuletzt auf den Schluß hinaus, daß etwas *sei* (was den letzten möglichen Zweck bestimmt), *weil etwas geschehen soll;* dieses, daß etwas *sei* (was als oberste Ursache wirkt, *weil etwas geschieht.*

Ich nenne die Welt, sofern sie allen sittlichen Gesetzen gemäß wäre (wie sie es denn, nach der

Freiheit der vernünftigen Wesen, sein *kann,* und, nach den notwendigen Gesetzen der *Sittlichkeit,* sein *soll),* eine *moralische Welt.* Diese wird sofern bloß als intelligibele Welt gedacht, weil darin von allen Bedingungen (Zwecken) und selbst von allen Hindernissen der Moralität in derselben (Schwäche oder Unlauterkeit der menschlichen Natur) abstrahiert wird. Sofern ist sie also eine bloße, aber doch praktische Idee, die wirklich ihren Einfluß auf die Sinnenwelt haben kann und soll, um sie dieser Ideen so viel als möglich gemäß zu machen.

Es ist überall nichts in der Welt, ja überhaupt auch außer derselben zu denken möglich, was ohne Einschränkung für gut könnte gehalten werden, als allein ein GUTER WILLE. Der gute Wille ist nicht durch das, was er bewirkt oder ausrichtet, nicht durch seine Tauglichkeit zu Erreichung irgendeines vorgesetzten Zweckes, sondern allein durch das Wollen, d. i. an sich gut, und, für sich selbst betrachtet, ohne Vergleich weit höher zu schätzen als alles, was durch ihn zugunsten irgendeiner Neigung, ja wenn man will, der Summe aller Neigungen, nur immer zustande gebracht werden könnte.

Ein jedes Ding der Natur wirkt nach Gesetzen. Nur ein vernünftiges Wesen hat das Vermögen, nach der Vorstellung der Gesetze, d. i. nach Prinzipien, zu handeln, oder einen Willen. Da zur Ableitung der Handlungen von Gesetzen Vernunft erfordert wird, so ist der Wille nichts anderes als praktische Vernunft. Wenn die Vernunft den Willen unausbleiblich bestimmt, so sind die Handlungen eines solchen Wesens, die als objektiv notwendig erkannt werden, auch subjektiv notwendig, d. i. der Wille ist ein Vermögen, nur dasjenige zu wählen, was die Vernunft unabhängig von der Neigung als praktisch notwendig, d. i. als gut, erkennt. Bestimmt aber die Vernunft für sich allein den Willen nicht hinlänglich, ist dieser noch subjektiver Bedingungen (gewissen Triebfedern) unterworfen, die nicht immer mit den objektiven übereinstimmen; mit einem Worte, ist der Wille nicht an sich völlig der Vernunft gemäß (wie es bei Menschen wirklich ist): so sind die Handlungen, die objektiv als notwendig erkannt werden, subjektiv zufällig, und die Bestimmung eines solchen Willens objektiven Gesetzen gemäß ist Nötigung; d. i. das Verhältnis der objektiven Gesetze zu einem nicht durchaus guten Willen wird vorgestellt als die Bestimmung des Willens eines vernünftigen Wesens zwar durch Gründe der Vernunft, denen aber dieser Wille seiner Natur nach nicht notwendig folgsam ist. Die Vorstellung eines objektiven Prinzips, sofern es für einen Willen nötigend ist, heißt ein Gebot (der Vernunft), und die Formel des Gebots heißt IMPERATIV.

Wenn ich mir einen hypothetischen Imperativ überhaupt denke, so weiß ich nicht zum voraus, was er enthalten werde: bis mir die Bedingung gegeben ist. Denke ich mir aber einen kategorischen Imperativ, so weiß ich sofort, was er enthalte. Denn da der Imperativ außer dem Gesetz nur die Notwendigkeit der Maxime enthält, diesem Gesetze gemäß zu sein, das Gesetz aber keine Bedingung enthält, auf die es eingeschränkt war, so bleibt nichts als die Allgemeinheit eines Gesetzes überhaupt übrig, welchem die Maxime der Handlung gemäß sein soll, und welche Gemäßheit allein den Imperativ als notwendig vorstellt.

Der kategorische Imperativ ist also nur ein einziger, und zwar dieser: handle nur nach derjenigen Maxime, durch die du zugleich wollen kannst, daß sie ein allgemeines Gesetz werde.

Wenn nun aus diesem einzigen Imperativ alle Imperativen der Pflicht als aus ihrem Prinzip abgeleitet werden können, so werden wir, ob wir es gleich unausgemacht lassen, ob nicht überhaupt

das, was man Pflicht nennt, ein leerer Begriff sei,
doch wenigstens anzeigen können, was wir dadurch denken und was dieser Begriff sagen wolle.
Weil die Allgemeinheit des Gesetzes, wonach Wirkungen geschehen, dasjenige ausmacht, was eigentlich Natur im allgemeinsten Verstande (der
Form nach), d. i. das Dasein der Dinge, heißt,
sofern es nach allgemeinen Gesetzen bestimmt ist,
so könnte der allgemeine Imperativ der Pflicht
auch so lauten: handle so, als ob die Maxime deiner
Handlung durch deinen Willen zum ALLGEMEINEN
NATURGESETZE werden sollte. Die Frage ist also
diese: Ist es ein notwendiges Gesetz für alle vernünftigen Wesen, ihre Handlungen jederzeit nach
solchen Maximen zu beurteilen, von denen sie
selbst wollen können, daß sie zu allgemeinen Gesetzen dienen sollen? Wenn es ein solches ist, so
muß es (völlig a priori) schon mit dem Begriffe des
Willens eines vernünftigen Wesens überhaupt verbunden sein. Um aber diese Verknüpfung zu
entdecken, muß man, so sehr man sich auch
sträubt, einen Schritt hinaus tun, nämlich zur
Metaphysik, obgleich in ein Gebiet derselben,
welches von dem der spekulativen Philosophie
unterschieden ist, nämlich in die Metaphysik der
Sitten.

John Stuart Mill

John Stuart Mill (1806 bis 1873) steht hier als Vertreter des englischen Positivismus', und das heißt, vereinfacht ausgedrückt: Die Metaphysik als Erkenntnismöglichkeit des Guten, das es anzustreben gilt, existiert nicht mehr; Erfahrung und Naturbeherrschung sind die alleinige Grundlage aller Erkenntnis und das wesentliche Ziel allen Wissens; die Einzelpersönlichkeit tritt – und das hängt mit der Erfahrung der Französischen Revolution eng zusammen, die jedermann ins Geschehen der Geschichte mit hineinriß – zurück und wird mehr und mehr im Gefüge der gesellschaftlichen und geschichtlichen Zusammenhänge gesehen.

Auf den Teilbereich der Ethik angewendet, bedeutet das, daß jede Aussage über das, was sein soll, durch die möglichst exakte Bestimmung dessen, was ist, begründet werden muß. In das Leben der gesellschaftlichen Gebilde mit Vorschriften und Regeln einzugreifen ist nur der befugt, der die unabänderlichen Gesetze kennt, denen gemäß das Leben des Einzelnen wie dasjenige der Gemeinschaft verläuft. Die Ethik des gemeinsamen Lebens wird damit zur angewandten Soziologie (die im Positivismus, vor allem bei dessen Begründer Auguste

Comte ihren Ursprung hat), der sittliche Gesetzgeber wird zum wissenschaftlich arbeitenden Techniker der gesellschaftlichen Kräfte und zum Organisator der Gesellschaft selbst.

John Stuart Mill baut, ausgeprägter als seine gleichgesinnten Zeitgenossen, seine Ethik nicht nur auf allgemeinen Grundsätzen des gesellschaftlichen Verhaltens, sondern vor allem auf einer empirischen Psychologie auf. Zwar hat auch bei Mill das Leben in der Gesellschaft den Vorrang vor den Problemen der persönlichen Einzelexistenz, aber er mißtraut als nüchterner Engländer dem bloß theoretischen Aufbau einer allmächtigen gesellschaftlichen Ordnung, weil er befürchtet, sie könnte leicht zum Selbstzweck werden, und so kreist denn eigentlich das ganze sozialethische Denken Mills um die Frage, wie die Freiheit der persönlichen Existenz in Einklang gebracht werden kann mit der an sich wünschenswerten und notwendigen Ordnung des sozialen Gefüges. Die Freiheit des Einzelnen und ihr Schutz vor Verkümmerung und Verkrümmung ist gerade auch um der Wohlfahrt des Ganzen willen unerläßlich, und die Selbstbestimmung der humanen Persönlichkeit muß um jeden Preis vor der möglichen Tyrannei eines sozialen Mechanismus' in Schutz genommen werden. Von diesen Überlegungen her läßt sich dann sowohl eine persönliche wie eine soziale Ethik herleiten, die sowohl dem Einzelnen wie auch der Gemeinschaft zum Nutzen gereicht.

Nichts kann der Gegenstand unserer Erkenntnis sein, ausgenommen unsere Erfahrung und das, was man von unserer Erfahrung nach den Analogien der Erfahrung selbst erschließen kann.

Alle Erfahrung beginnt mit Einzelfällen und schreitet von ihnen zu allgemeinen.

Die moralischen Gefühle sind nicht angeboren, sondern erworben.

Der Einfluß der Handlungen auf die Glückseligkeit ist das fundamentale Prinzip der Moral und die Quelle moralischer Verpflichtung.

Ich betrachte die Nützlichkeit als letzte Instanz in der Behandlung aller ethischen Fragen, aber freilich Nützlichkeit im umfassenden Sinne, auf die dauernden Interessen des Menschen als eines zur Entwicklung bestimmten Wesens gegründet.

Die Lehre, welche den Nutzen oder das Prinzip der größten Glückseligkeit zur Grundlage der Moral macht, hält dafür, daß Handlungen insofern recht sind, als sie geeignet sind, Glückseligkeit zu fördern, und insofern unrecht, als sie das Gegenteil von Glückseligkeit bewirken. Unter Glückseligkeit ist das Vergnügen zu verstehen oder das Fehlen von Schmerz; unter Unglückseligkeit der Schmerz oder der Mangel an Vergnügen.

Die einzige Kenntnis von Nutzen ist diejenige, welche uns lehrt, das Gute zu suchen und das Schlechte zu meiden; kurz gesagt, die Summe der menschlichen Glückseligkeit zu erhöhen.

Die menschliche Glückseligkeit, sogar die eigene, kann meist dadurch besser gefördert werden, nach allgemeingültigen Regeln zu handeln, als die Folgen jeder Tat einzeln abzuwägen. Das trifft bei der allgemeinen Glückseligkeit besonders stark zu, da jede andere Ordnung nicht nur jedermann darüber im ungewissen belassen würde, was er zu erwarten hat, sondern darüber hinaus noch zu beständigen Streiten führen müßte; daher müssen allgemeine Regeln aufgestellt werden, wie sich die Leute untereinander zu benehmen haben; mit anderen Worten: Recht und Pflichten müssen anerkannt werden.

Kraft seiner höheren Intelligenz, sogar abgesehen von seinem höheren Grad an Sympathie, ist ein menschliches Wesen fähig, eine Interessengemeinschaft zwischen sich und der Gesellschaft, von der es einen Teil bildet, zu begreifen, und zwar derart, daß irgendein Verhalten, das die Sicherheit der Gesellschaft im allgemeinen bedroht, zugleich auch seine eigene bedroht und seinen Instinkt (wenn es ein Instinkt ist) der Selbstverteidigung herausfordert. Dieselbe Überlegenheit der Intelligenz, verbunden mit der Macht der Sympathie mit menschlichen Wesen überhaupt, befähigt es, die Gesamtvorstellung der Menschheit in der Weise in sich aufzunehmen, daß jede diese schädigende Handlung seinen Instinkt der Sympathie erweckt und es zum Widerstand herausfordert. Das Gerechtigkeitsgefühl in jenem einen seiner Elemente, welches in dem Wunsche zu strafen besteht, ist demgemäß das natürliche Gefühl der *Wiedervergeltung oder Rache,* welches durch Einsicht und Sympathie auf jene Unrechtsakte, das heißt auf jene Verletzungen anwendbar gemacht wird, die uns durch die oder gemeinsam mit der Gesellschaft in ihrer Gesamtheit verwunden. Dieses Gefühl an und für sich hat nichts Moralisches in sich; was moralisch ist, ist die ausschließliche Unterordnung desselben unter die gesellschaftlichen Sympathien, so daß es ihre Forderung erwartet und ihr gehorcht.

Es kann in der Tat keinen Beweis dafür geben, daß wir diese Gesetze befolgen sollen; aber man kann auch keinen Beweis dafür erbringen, daß wir uns in unserem Verhalten von der Nützlichkeit leiten lassen sollen. Alles was man sagen kann, besteht darin, daß das Streben nach Glückseligkeit uns eigen und natürlich ist; gleich verhält es sich, so wird behauptet, mit unserem Respekt vor gewissen allgemeinen Gesetzen der Moral und unserer Neigung, unsere Handlungen damit in Übereinstimmung zu bringen. Der Hang des Menschen, ob er nun Herrscher ist oder gewöhnlicher Mitbürger, seine eigenen Meinungen und Neigungen als Verhaltungsregel anderen vorzuzeichnen, findet an einigen der besten und einigen der schlechtesten Eigenschaften unserer Natur eine so kräftige Stütze, daß ihn kaum je etwas anderes als Mangel an Macht zu zügeln vermag; und da diese Macht nicht im Abnehmen, sondern im Zunehmen begriffen ist, so läßt sich gegenwärtig, wenn nicht ein starker Damm sittlicher Überzeugung gegen das Übel errichtet wird, kaum absehen, wie ihm gesteuert werden soll.

Nicht der hitzige Konflikt zwischen Teilen der Wahrheit, sondern die gelassene Unterdrückung der einen Hälfte ist das verhängnisvolle Übel;

immer dann ist noch Hoffnung vorhanden, wenn die Menschen genötigt sind, beide Seiten anzuhören; erst dann, wenn sie nur der einen Aufmerksamkeit schenken, verhärten Irrtümer zu Vorurteilen und hört Wahrheit auf, als Wahrheit zu wirken, weil sie zur Falschheit verdreht wird.

Nicht indem wir all das, was an Persönlichem in uns steckt, uniformieren, sondern indem wir es, innerhalb der uns von den Rechten und Interessen der andern auferlegten Schranken, pflegen und stärken, werden wir zu einem edlen und vorbildlichen Gegenstand der Aufmerksamkeit.

Der Despotismus der Sitte ist überall das dauernde Hindernis jeder menschlichen Entwicklung, da er in unablässigem Gegensatz zu jeder Neigung und jedem Wunsche steht, etwas Besseres als das Gewöhnliche zu erreichen. In beiderlei Gestalt, als Liebe zur Freiheit und zur Reform, ist das fortschrittliche Prinzip der Herrschaft der Gewohnheit entgegengesetzt, da es zum mindesten Abschüttelung dieses Joches in sich schließt. Der Kampf zwischen diesen beiden bildet das Hauptinteresse der Menschheitsgeschichte.

Die Welt bedarf nicht einer Verminderung, sondern erheblicher Vermehrung der uneigennützigen Bemühungen zum Wohl anderer. Aber selbstloses Wohlwollen kann andere Mittel finden, um Mitmenschen zu ihrem Besten zu überreden, als Peitsche und Geisel, wörtlich oder bildlich genommen. Ich bin der Letzte, der die Pflichten gegen das eigene Selbst unterschätzen möchte; sie stehen an Wichtigkeit nur den sozialen Pflichten nach, wenn sie ihnen überhaupt nachstehen. Es ist Aufgabe der Erziehung, beide Arten von Pflichten zu pflegen. Aber selbst die Erziehung wirkt ebensosehr durch Überzeugung und Überredung, wie durch Zwang, und wenn das Stadium der Erziehung vorbei ist, sollten die Tugenden, die dem eigenen Selbst gelten, allein durch Überredung und Überzeugung eingeprägt werden. Menschliche Wesen sollen einander helfen, das Bessere von dem Schlechteren zu unterscheiden. Sie sollten unaufhörlich einander anstacheln, immer stärkeren Gebrauch von ihren höheren Fähigkeiten zu machen... Aber weder eine einzelne Person noch eine Personenzahl hat die Vollmacht, einem anderen reifen Menschen vorzuschreiben, daß er zu seinem Heil etwas anderes mit seinem Leben anfangen solle, als was er selbst für richtig hält.

Friedrich Nietzsche

*Alle neuzeitliche Ethik ist von der Philosophie Kants
geprägt: auch Friedrich Nietzsche (1844 bis 1900) steht
in dieser Nachfolge, allerdings in einem absolut entge-
gengesetzten und negativen Sinn, und diese Umkehrung
ist nur zu verstehen durch die entscheidenden Wandlun-
gen, die die Philosophie in Deutschland vorgängig bei
Schopenhauer, Fichte und Hegel durchgemacht hat. Bei
Kant bestand noch ein klarer Unterschied zwischen dem,
was die Vernunft unter höchster Anstrengung zu erkennen vermag, und dem, was jenseits der Vernunft liegt.
Kant läßt damit das Religiöse, Gott und die Offenbarung zumindest als Möglichkeit noch offen; bei Fichte
wird die Vernunft nun selbst zum Absoluten, und Hegel
führt diesen Gedanken fort und erklärt, daß sich die
Vernunft im Verlauf eines Prozesses verwirklicht: Der
Geist selbst ist die Geschichte. Die Methode vom Wissen
darüber, daß der Geist Geschichte ist, nennt Hegel
Dialektik. Hier, bei dieser idealisierten Überhöhung
und Systematisierung von Geschichte und Leben, setzt
nun die vernichtende Kritik Nietzsches recht eigentlich
ein. Wenn bei Hegel alles »Sinn« ist, so erbringt
Nietzsche jetzt den Nachweis des möglichen Unsinns in*

allem. *Von allen Verkehrtheiten des zeitgenössischen Geistes scheint ihm die unerträglichste, daß er sich einbildet, zu wissen, was gut und was böse sei. Je tiefer seine Kritik am Geist der Zeit zurückgeht in die Vergangenheit, desto mehr gerät all das in unruhige Bewegung, was als vermeintlich gesicherter Besitz an ethischen Werten und Wahrheiten von dieser Vergangenheit überkommen ist. Dabei wird ihm in steigendem Maß alle jene philosophische Spekulation verhaßt, die mit der Botschaft von der weltüberlegenen moralischen Idee die Wirklichkeit und das Leben verleugnet und die dieser lebendigen Wirklichkeit zugewandten Triebe domestiziert, und dieser Haß richtet sich folgerichtig gegen alles und jedermann: gegen das Christentum, die englischen Utilitaristen, gegen den »präexistenten christlichen« Platon und gegen den »Chinesen von Königsberg«, Immanuel Kant. Ihm vor allem kann er es nicht verzeihen, daß er mit der Proklamation eines allgemeinen Sittengesetzes den Menschen zum Automaten der Pflicht herabmindert und echte Tugend in ihr Gegenteil verkehrt. Denn Tugend ist nach Nietzsche nichts anderes als der ureigenste Ausdruck der Eigenpersönlichkeit. Die Moral der abstrakt-allgemeinen Pflichten ist nichts weiter als die Zuflucht jener schwachen Seelen, die sich unfähig fühlen, die Verantwortung einer eigenen Tugend auf sich zu nehmen.*

So ersetzt Nietzsche schließlich die in sich selbst

gegründete Welt von idealen Prinzipien durch das Ideal
des Lebens und der Welt, und an die Stelle eines höchsten
Gutes, das zu verfolgen und zu erreichen sich lohnt, tritt
jetzt der Mensch selbst. Alles, was der Mensch tut, soll
um des Lebens willen geschehen. Wirklich sind nur das
Leben und die Welt, sie bestimmen das Handeln des
Menschen. » Wollt ihr einen Namen für diese Welt? Eine
Lösung für all ihre Rätsel? Ein Licht auch für Euch, ihr
Verborgensten, Stärksten, Unerschrockensten, Mitter-
nächtlichsten? – Diese Welt ist der Wille zur Macht –
und nichts außerdem! Und auch ihr selber seid dieser
Wille zur Macht – und nichts außerdem!« Damit predigt
Nietzsche aber nicht die absolute Unmoral; er ist viel-
mehr der eigentliche Moralist des Unmoralischen.

Wir Neueren haben vor den Griechen zwei Begriffe voraus, die gleichsam als Trostmittel einer
durchaus sklavisch sich gebarenden und dabei das
Wort »Sklave« ängstlich scheuenden Welt gegeben
sind: wir reden von der »Würde des Menschen«
und von der »Würde der Arbeit«. Alles quält sich,
um ein elendes Leben elend zu perpetuieren; diese
furchtbare Not zwingt zu verzehrender Arbeit, die
nun der vom »Willen« verführte Mensch (oder
richtiger, menschliche Intellekt) gelegentlich als
etwas Würdevolles anstaunt.

Damit aber die Arbeit einen Anspruch auf ehrende Titel habe, wäre es doch vor allem nötig, daß das Dasein selbst, zu dem sie doch nur ein qualvolles Mittel ist, etwas mehr Würde und Wert habe, als dies ernstmeinenden Philosophen und Religionen bisher erschienen ist. Was dürfen wir anders in der Arbeitsnot aller der Millionen finden als den Trieb, um jeden Preis dazusein, denselben allmächtigen Trieb, durch den verkümmerte Pflanzen ihre Wurzeln in erdloses Gestein strecken!

Eine Religion, die von allen Stunden eines Menschenlebens die letzte für die wichtigste hält, die einen Schluß des Erdenlebens überhaupt voraussagt und alle Lebenden verurteilt, im fünften Akt der Tragödie zu leben, regt gewiß die tiefsten und edelsten Kräfte auf, aber sie ist feindlich gegen alles Neu-Anpflanzen, Kühn-Versuchen, Frei-Begehren; sie widerstrebt jedem Fluge ins Unbekannte, weil sie dort nicht liebt, nicht hofft: sie läßt das Werdende sich nur wider Willen aufdrängen, um es, zur rechten Zeit, als einen Verführer zum Dasein, als einen Lügner über den Wert des Daseins beiseite zu drängen oder hinzuopfern.

*Das Über-*Tier. – Die Bestie in uns will belogen werden; Moral ist Notlüge, damit wir von ihr nicht zerrissen werden. Ohne die Irrtümer, welche in den Annahmen der Moral liegen, wäre der Mensch Tier geblieben. So aber hat er sich als etwas Höheres genommen und sich strengere Gesetze auferlegt. Er hat deshalb einen Haß gegen die der Tierheit näher gebliebenen Stufen: woraus die ehemalige Mißachtung des Sklaven als eines Nicht-Menschen, als einer Sache, zu erklären ist.

Doppelte Vorgeschichte von Gut und Böse. – Der Begriff gut und böse hat eine doppelte Vorgeschichte: nämlich *einmal* in der Seele der herrschenden Stämme und Kasten. Wer die Macht zu vergelten hat, Gutes mit Gutem, Böses mit Bösem, und auch wirklich Vergeltung übt, also dankbar und rachsüchtig ist, der wird gut genannt; wer unmächtig ist und nicht vergelten kann, gilt als schlecht... Nicht der, welcher uns Schädliches zufügt, sondern der, welcher verächtlich ist, gilt als schlecht.

Sodann in der Seele der Unterdrückten, Machtlosen. Hier gilt jeder *andere* Mensch als feindlich, rücksichtslos, ausbeutend, grausam, listig, sei er vornehm oder niedrig. Böse ist das Charakterwort für Mensch, ja für jedes lebende Wesen, welches man voraussetzt, zum Beispiel für einen Gott; menschlich, göttlich gilt soviel als teuflisch, böse. Die Zeichen der Güte, Hilfsbereitschaft, Mitleid werden angstvoll als Tücke, Vorspiel eines schrecklichen Ausgangs, Betäubung und Überlistung aufgenommen, kurz als verfeinerte Bosheit. Bei einer solchen Gesinnung des einzelnen kann kaum ein Gemeinwesen entstehen, höchstens die roheste Form desselben: so daß überall, wo diese Auffassung von Gut und Böse herrscht, der Untergang der einzelnen, ihrer Stämme und Rassen nahe ist. – Unsere jetzige Sittlichkeit ist auf dem Boden der *herrschenden* Stämme und Kasten gewachsen.

Liebe und Gerechtigkeit. – Warum überschätzt man die Liebe zu ungunsten der Gerechtigkeit und sagt die schönsten Dinge von ihr, als ob sie ein viel höheres Wesen als jene sei? Ist sie denn nicht ersichtlich dümmer als jene? – Gewiß, aber gerade deshalb um so viel *angenehmer* für alle.

Sitte und sittlich. – Moralisch, sittlich, ethisch sein heißt Gehorsam gegen ein altbegründetes Gesetz oder Herkommen haben. Ob man mit Mühe oder gern sich ihm unterwirft, ist dabei gleichgültig, genug, daß man es tut.

Das Unschuldige an den sogenannten bösen Handlungen. – Alle »bösen« Handlungen sind motiviert durch den Trieb der Erhaltung oder, noch genauer, durch die Absicht auf Lust und Vermeiden der Unlust des Individuums; als solchermaßen motiviert aber nicht böse...

Der Moralität geht der *Zwang* voraus, ja sie selber ist noch eine Zeitlang Zwang, dem man sich, zur Vermeidung der Unlust, fügt. Später wird sie Sitte, noch später freier Gehorsam, endlich beinahe Instinkt: dann ist sie wie alles lang Gewöhnte und Natürliche mit Lust verknüpft – und heißt nun *Tugend*.

Von der Klugheit des Christentums. – Es ist ein Kunstgriff des Christentums, die völlige Unwürdigkeit, Sündhaftigkeit und Verächtlichkeit des Menschen überhaupt so laut zu lehren, daß die Verachtung der Mitmenschen dabei nicht mehr möglich ist.

Herkunft des Glaubens. – ... Angewöhnung geistiger Grundsätze ohne Gründe nennt man Glauben.

Liebe und Ehre. – Die Liebe begehrt, die Furcht meidet. Daran liegt es, daß man nicht zugleich von derselben Person, wenigstens in demselben Zeitraume, geliebt und geehrt werden kann. Denn der Ehrende erkennt die Macht an, das heißt er fürchtet sie: sein Zustand ist Ehr-Furcht. Die Liebe aber erkennt keine Macht an, nichts, was trennt, abhebt, über- und unterordnet. Weil sie nicht ehrt, so sind ehrsüchtige Menschen insgeheim oder öffentlich gegen das Geliebtwerden widerspenstig.

Die Zucht des Leidens, des *großen* Leidens – wißt ihr nicht, daß nur *diese* Zucht alle Erhöhungen des Menschen bisher geschaffen hat?

Fast alles, was wir »höhere Kultur« nennen, beruht auf der Vergeistigung und Vertiefung der *Grausamkeit.*

An sich von Recht und Unrecht reden entbehrt allen Sinns; *an sich* kann natürlich ein Verletzen, Vergewaltigen, Ausbeuten, Vernichten nichts »Unrechtes« sein, insofern das Leben *essentiell,* nämlich in seinen Grundfunktionen verletzend, vergewaltigend, ausbeutend, vernichtend fungiert und gar nicht gedacht werden kann ohne diesen Charakter.

Die Frage nach der Herkunft der moralischen Werte ist deshalb für mich eine Frage *ersten Ranges,* weil sie die Zukunft der Menschheit bedingt. Die Forderung, man solle *glauben,* daß alles im Grunde in den besten Händen ist, daß ein Buch, die Bibel, eine endgültige Beruhigung über die göttliche Lenkung und Weisheit im Geschick der Menschheit gibt, ist, zurückübersetzt in die Realität, der Wille, die Wahrheit über das erbarmungswürdige Gegenteil davon nicht aufkommen zu lassen, nämlich, daß die Menschheit bisher in den *schlechtesten* Händen war, daß sie von den Schlechtweggekommenen, den Arglistig-Rachsüchtigen, den sogenannten »Heiligen«, diesen Weltverleumdern und Menschenschändern regiert worden ist.

Søren Kierkegaard

Søren Kierkegaard (1813 bis 1855) mißtraut, und darin ist er Nietzsche verwandt, allem Abstrakten und Allgemeinen, allen idealen, rein theoretischen Prinzipien und übergeordneten Ideen. Auch Kierkegaards philosophisches Denken bedeutet damit einen Einbruch in die deutsche idealistische Philosophie, und es steht geistesgeschichtlich am Beginn der modernen Existenzphilosophie.

Seine Auseinandersetzung mit der menschlichen Existenz und mit der Frage, diese Existenz richtig zu leben, hat Kierkegaard in seinem frühen Hauptwerk Entweder-Oder *niedergeschrieben, in dem er die ästhetische und ethische Existenz des modernen Menschen durchreflektiert. Das »Entweder« ist dabei die durchgelebte ästhetische Existenz, dargestellt an der Figur des Verführers, der in vollem Bewußtsein seinen eigenen Genuß genießen muß und sich dabei selbst bis zum Ekel, zum Scheitern und zur nackten Existenzangst führt.*

Gegen dieses »Entweder«, das als durchgeführtes ästhetisches Prinzip die Philosophie der Verzweiflung ist, setzt Kierkegaard nun ohne weitere Erläuterungen das ganz andere, das »Oder«. Dieses »Oder« ist ein Ethos, das von Kierkegaard als die ästhetische Gültigkeit der Ehe beschrieben wird. Gemessen an der glanzvollen Existenz des Verführers muß diese Annahme des Gesetzes einer absoluten Mitmenschlichkeit und der existenziellen Verbindlichkeit in der Ehe alltäglich, langweilig und spannungslos erscheinen. Aus sich selbst heraus kann die Forderung des »Oder« also nicht einleuchtend sein; zu seiner Rechtfertigung gibt es nur das Absurde der Forderung selbst, und dieses Absurde weist wiederum hin auf das Absurdeste des Absurden, auf »das Erbauliche, welches in dem Gedanken liegt, daß wir Gott gegenüber allzeit unrecht haben«.

Dieses Erbauliche löst jedoch den dialektischen Widerspruch noch nicht auf, denn es ist selbst nicht eine Frucht der Sittlichkeit und eine Belohnung für die gelebte Pflicht in der Ehe. Es bleibt darüber hinaus das Absurde, daß Gott den Menschen überhaupt in Anspruch nimmt und den Einzelnen – jenseits von Gut und Böse – einfordern kann. Mit Furcht und Zittern steht der Mensch diesem Gott gegenüber.

Im Spannungsfeld von »Entweder«, »Oder« und der absurden Forderung Gottes analysiert Kierkegaard nun die Existenz des Menschen und entwickelt, indem er sich auf die Figur des Abraham beruft, seine Philosophie der Angst. Die Ethik begründet sich darin allein auf die Absurdität der Pflicht, die nur noch gesteigert und

gehalten wird durch die noch größere Absurdität Gottes,
die gerade deshalb alles vom Menschen fordern kann.

Was ich dir schon so oft gesagt habe, das sage ich
dir wieder; wieder rufe ich dir zu: entweder-oder!
Das Gewicht der Sache, um die sich's handelt,
rechtfertigt das Gewicht der Worte. Es gibt ja
Dinge, die nur ein lächerlicher Mangel an Urteilskraft einem Entweder-Oder unterstellen kann; es
gibt aber auch Menschen, deren Seele zu dissolut
ist, ein solches Dilemma zu fassen, deren Persönlichkeit zu schwach ist, mit Pathos sagen zu können: entweder-oder!

Eine ästhetische Wahl ist keine Wahl. Zu wählen ist
ein eigentlicher und stringenter Ausdruck für das
Ethische. Wo immer im strengeren Sinn ein Entweder-Oder ist, da ist gewiß auch das Ethische mit
im Spiel. Es gibt nur ein absolutes Entweder-
Oder: die Wahl zwischen Gut und Böse; und die ist
auch absolut ethisch. Die ästhetische Wahl ist
entweder ganz unmittelbar und insofern keine
Wahl, oder sie verliert sich in einem Vielerlei von
Möglichkeiten.

Mein Entweder-Oder bedeutet also zunächst nicht die Wahl zwischen Gut und Böse; es ist die Wahl, wodurch man sich unter den Gegensatz von Gut und Böse stellen oder nicht stellen will. Die Frage ist also, unter welchem Gesichtspunkt man das ganze Leben betrachten und leben will. Wer sich unter den Gegensatz von Gut und Böse stellt, wählt freilich das Gute, aber das zeigt sich erst hinterdrein. Denn das Ästhetische ist nicht das Böse, sondern die Indifferenz, und darum wird die Wahl, wie gesagt, erst durch das Ethische konstituiert.

Was heißt es nun aber, ästhetisch zu leben, und was heißt das: ethisch leben? Was ist das Ästhetische im Menschen, was das Ethische? Antwort: Das Ästhetische im Menschen ist das, wodurch er unmittelbar ist, was er ist; das Ethische ist das, wodurch er wird, was er wird Wer in und von dem Ästhetischen, durch und für das Ästhetische in ihm lebt, der lebt ästhetisch.

Jede ästhetische Lebensanschauung ist Verzweiflung; denn sie baut auf das, was sein kann und nicht sein kann. Nicht so die ethische Lebensanschauung; sie baut das Leben auf das, dem es wesentlich ist: zu sein. Das Ästhetische ist das im Menschen, wodurch er unmittelbar der ist, der er ist. Das Ethische ist das, wodurch der Mensch wird, der er wird. Damit soll keineswegs gesagt sein, daß, wer ästhetisch lebt, sich nicht entwickle; aber er entwickelt sich mit Notwendigkeit, nicht mit Freiheit. Es vollzieht sich mit ihm keine Metamorphose; er vollzieht nicht die unendliche Bewegung, durch die er zu dem Punkt käme, von dem aus er wird, der er wird.

Die erste Wirkung der Wahl ist eine vollkommene Isolation. Indem ich mich selbst wähle, sondere ich mich aus, aus meinem Verhältnis zu der ganzen Welt, bis ich in der abstrakten Identität mit mir selbst anlange.

Ich suchte nachzuweisen, daß die Ehe, eben durch den ethischen Charakter, der richtige ästhetische Ausdruck für die Liebe sei.

Für die Ethik ist das Verhältnis das Absolute. Das Verhältnis ist nämlich das Allgemeine. Das Verhältnis beraubt ihn des eitlen Glücks, das Ungewöhnliche zu sein; dafür gibt es ihm das wahre Glück, das Allgemeine zu sein. Es bringt ihn in Harmonie mit dem ganzen Dasein; es lehrt ihn sich dieser Harmonie zu freuen.

Das wird er einsehen; und so wird er sich wieder an den Satz des Ethikers halten, daß es jedes Menschen Pflicht ist, in die Ehe zu treten; und er wird erkennen, daß er damit nicht bloß die Wahrheit, sondern die Schönheit auf seiner Seite hat. Er möge also jenes Wunderkind gewinnen, so wird er sich doch nicht an der Differenz versehen. Er wird sich recht innerlich über ihre Schönheit freuen und über ihre Anmut, über den Reichtum ihres Geistes und die Wärme ihres Gefühls; er wird sich glücklich preisen, daß er gerade sie gewonnen hat: aber er wird zugestehen, daß er vor einem anderen Ehemann nichts Wesentliches voraus hat – »denn das Verhältnis ist das Absolute«. Bekäme er nur ein weniger begabtes Mädchen, so würde er sich doch seines Glücks freuen: »Ob sie gleich weit unter anderen steht«, sagt er, »macht sie mich doch wesentlich ebenso glücklich – denn das Verhältnis ist das Absolute.«

Die ethische Betrachtung der Ehe hat also mehrere Vorzüge von jeder ästhetischen Auffassung der Liebe. Sie erklärt das Allgemeine, nicht das Zufällige. Sie weist nicht nach, wie ein einzelnes Paar ungewöhnlicher Menschen durch ihre Ungewöhnlichkeit glücklich werden kann, sondern zeigt, wie jedes Ehepaar glücklich sein kann. Sie sieht das

Verhältnis als das Absolute, sucht daher nicht in der Differenz eine Garantie des Verhältnisses, sondern erfaßt sie als Aufgabe. Sie sieht das Verhältnis als das Absolute, sieht daher die Liebe nach ihrer wahren Schönheit, nämlich nach ihrer Freiheit, und so begreift sie auch die historische Schönheit.

Wähle denn die Verzweiflung: denn die Verzweiflung selbst ist eine Wahl. Man kann zweifeln, ohne den Zweifel zu wählen; aber man kann nicht verzweifeln, ohne die Verzweiflung zu wählen. Und indem man verzweifelt, wählt man wieder. Und was wählt man denn nun? Man wählt sich selbst, doch nicht in seiner Unmittelbarkeit, nicht als dieses zufällige Individuum, sondern in der ewigen Bedeutung seiner Persönlichkeit.

Der Zweifel ist wieder in Bewegung gesetzt, die Besorgnis wieder geweckt; also laßt unser Bestreben dahin gehen, sie zu beruhigen, indem wir das Erbauliche erwägen, das in dem Gedanken liegt, daß wir gegen Gott immer Unrecht haben.

Gegen Gott haben wir immer Unrecht; dieser Gedanke hält den Zweifel auf und beruhigt seine Besorgnis; er ermuntert und begeistert zum Handeln.

Nicolai Hartmann

Nicolai Hartmann *(1882 bis 1950) arbeitet fast die gesamte abendländische Philosophie nochmals auf, angefangen bei Aristoteles über Kant und den deutschen Idealismus bis zur Phänomenologie, und er versucht anschließend, aus dieser Position heraus nochmals die gesamte Philosophie und ihre einzelnen Sparten durchzuverhandeln. Hartmann hat so eine Ontologie, eine Erkenntnislehre, eine Ästhetik und unter anderem auch eine Ethik geschrieben.*

Diese Ethik ist vor allem deshalb wichtig und bedeutungsvoll, weil sie zu einer Art von Handbuch für alle jene geworden ist, die sich heute mit Fragen der Ethik zu beschäftigen haben, für Juristen, Strafrechtler und ähnliche Berufe, und sie ist vor allem deshalb zu einem Handbuch geworden, weil es sich hier im Grunde genommen um eine recht einfache, trockene, auf die Erfahrung und Bedürfnisse des Alltags zugeschnittene Ethik handelt. Hier wird weitgehend abgesehen von den philosophischen Spekulationen Kants um die Möglichkeiten und Grenzen der Vernunft und um die Frage nach einem kategorischen, jeden verpflichtenden Imperativ. Es ist eine Rückkehr zu den Dingen und Erscheinungen

und der Versuch, die vielfältigen Erscheinungsformen des Lebens ins Schema einer Wertethik einzugliedern und daraus philosophische Werttafeln zu entwickeln, die der Situation entsprechend jeweils den Maßstab für das richtige Handeln hergeben. Entsprechend der Philosophie des Lebens und der von Husserl entwickelten Strukturanalyse des sittlichen Sinns gibt es bei Hartmann in der realen Welt vier Hauptschichten des Seins: die Dinge und die physischen Prozesse; der Bereich des Lebendigen; die seelischen Erscheinungen; der Seinsbereich des Geistes. Das alte – vor allem kantianische – Schema des Denkens in zugespitzten Gegensätzen ist für die Betrachtung des Menschen unzulässig. Der Mensch vereinigt in sich das ganze Schichtgefüge. Sein Wesen ist nur zu fassen, wenn man das erkennt und wenn man außerdem sieht, daß dieses selbe Schichtgefüge auch außerhalb des Menschen in der realen Welt besteht. Man kann den Menschen nicht verstehen, ohne die Welt zu verstehen, und umgekehrt. So entsteht eine phänomenologische Analyse des gestuften Lebensgefüges, in dem sich Gemeinschaft, Gesellschaft und schließlich der höchste sittliche Verband, die Gesamtperson, übereinanderschichten; entsprechend diesem Gefüge gibt es nun auch eine »materielle« Ethik, ein allumfassendes System von Werten, das jedem sein Maß an Verantwortung und Moral, an ethischer Haltung und Verpflichtung zumißt.

Je tiefer man vordringt ins Herz der ethischen Phänomene, um so evidenter wird die Priorität und der alles beherrschende Wesenscharakter der Werte. Willensbestimmung, Absicht und Zwecksetzung, moralische Billigung und Mißbilligung bilden noch nicht den innersten Kreis. Das sittliche Bewußtsein beschränkt sich nicht auf die abwägende Qualifikation von Handlungen und Gesinnungen; es rechnet die erschauten moralischen Wertqualitäten auch der Person zu. Es urteilt nicht nur, es verurteilt auch. Es mißt dem Täter Schuld und Verantwortung zu, und zwar ohne Unterschied der eigenen und der fremden Person. Der Täter selbst gilt ihm gerichtet durch die Tat, der Träger der Gesinnung gezeichnet durch deren Wert oder Unwert. Es wendet sich unbestechlich, unerbittlich gegen das eigene Ich, läßt es im Schuldgefühl sich verneinen, sich verzehren in Reue und Verzweiflung. Oder es führt es zur Umkehr, zu Sinnesänderung und moralischer Erneuerung des eigenen Wesens.

Unter den eigentlichen Tugendwerten ist Gerechtigkeit nicht der höchste, sondern eher der niederste Wert zu nennen. Das kommt darin zum Ausdruck, daß das Seinsollen in ihr nicht ein Maximum, sondern ganz offenkundig nur ein Minimum an sittlicher Anforderung ausspricht. Ihre Forderung an das Verhalten des Menschen ist zunächst sogar eine rein negative: nicht Unrecht tun, keinen Übergriff begehen, die fremde Freiheitssphäre nicht überschreiten, die fremde Person mit allem, was zu ihr gehört, nicht beeinträchtigen. Das ist es, was sich unverkennbar in den Geboten der zweiten Tafel des Dekalogs (zehn Gebote) ausspricht; es sind Verbote: nicht töten, nicht stehlen, nicht ehebrechen, nicht falsches Zeugnis ablegen, nicht begehren, was einem nicht zukommt. Ist das der ganze Sinn der Sittlichkeit, so ist ihre Tendenz eine lediglich erhaltende, nicht aufbauende. Überall hier handelt es sich um den Schutz von niederen, elementaren Gütern: Leben, Eigentum, Familie usw. Geht die Gerechtigkeit darin auf, so ist sie nur ein Mittelwert für jene Güterwerte.

Ethische Kraft fällt nicht mit Aktivität zusammen, auch Passivität kann stark sein, sowohl in Beharrung und Bewahrung als auch am leidenden Tragen. Die Kraft ist etwas, was hinter Tätigkeit und Leiden steht, aus dem schon beide hervorwachsen. Auch ein aktives Wesen kann schwach sein, sich ablenken oder verwirren lassen – nicht anders als auch ein passives stark sein, unbeugsam bleiben kann. Am sichtbarsten freilich ist der Eigenwert der Kraft am Willen, am Entschluß, am Vorsatz; denn hier erscheint er greifbar in der Durchführung. Schwacher Wille nämlich, auch wo er wohlgeleitet und in der Tendenz schaffend ist, bleibt doch sittlich minderwertig, ja verächtlich, und zwar unabhängig von Wert und Unwert des Zieles. Dieser Kraftwert gipfelt im Wert des Opfers. Der Eigenwert an ihm leuchtet hier gesteigert daran ein, daß das Opfer nicht moralisch geringer wird durch die Minderwertigkeit der Sache, für die es geschieht. Wer für eine schlechte Sache heldenhaft kämpft, mag darum zu tadeln sein, daß überhaupt er es tut; aber seine Tapferkeit bleibt dieselbe Tapferkeit, die sie an sich ist, und die auch im Dienst einer guten Sache keine andere wäre. Und sagt man etwa, sie wäre »einer besseren Sache wert« gewesen, so bestätigt man eben damit nur ihren Eigenwert.

Von allen Aktwerten, die nicht Intentionswerte sind, unterscheidet sich das Gute dadurch, daß der Mensch es nicht in sich vorfindet, sondern von Grund aus erst schaffen muß. Das bedeutet nicht, daß er von Hause aus böse ist; keine Lehre vom »radikalen Bösen« läßt sich darauf gründen. Der Mensch als Produkt der Umstände ist weder gut noch böse, so sehr ihm Anlage, Erziehung und

Milieu den Weg zum Guten ebnen oder erschweren mögen. Er kann beides erst werden, indem er in die Konflikte des Lebens eintritt und in ihnen Entscheidungen fällt. Nur als Wert der recht gerichteten Akte realisiert sich das sittlich Gute an ihm. In diesem Sinne ist jeder von Grund aus der Erbauer seines sittlichen Seins – im Guten wie im Bösen. Die moralische Ordnung des ganzen persönlichen Lebens nach der Rangordnung der Werte ist das objektive Ideal des Guten.

Das Nützliche ist niemals das Gute im ethischen Sinne. Die Sprache freilich leistet der Begriffsverwirrung Vorschub. Denn wir sagen auch, etwas sei »gut zu etwas«. Das aber ist nicht der sittliche Sinn des Guten. Dieser kommt erst zum Vorschein, wo man umgekehrt nach dem fragt, »wozu« etwas gut ist. Führt man das »Wozu« zurück bis auf dasjenige, was nicht mehr zu etwas anderem, sondern an sich selbst gut ist, so hat man das Gute in jenem anderen Sinne, der auch seinen ethischen Sinn einschließt. Das sittlich Gute ist an sich gut. Es liegt also in seinem Wesen, nicht gut zu etwas zu sein. Es ist seinem Wesen nach niemals das Nützliche.

Das Verhalten des zwecktätigen Wesens zu den Werten ist allein, und nur als solches, gut oder böse.

Ist nun der Inhalt (der Handlung) wertvoll, so steigt mit dem Wert der Zwecktätigkeit als solcher auch der sittliche Wert des Aktes: ist der Inhalt aber wertwidrig, so sinkt mit steigendem Wert der Zwecktätigkeit der sittliche Wert des Aktes. Das aber heißt: je größer die (an sich wertvolle) Potenz des Aktes, um so größer nicht nur das Gute, sondern auch das Böse an ihm.

Es gibt keinen Zwang zum Guten. Die Möglichkeit des Guten ist notwendig zugleich und in gleichem Maße Möglichkeit des Bösen. Gerade die höchste Potenz ist zugleich die höchste Gefahr. Zum Wesen des Menschen gehört es, in dieser Gefahr zu stehen.

Ja, zum Bösen ist, genau so sehr wie zum Guten, auch nur das in vollem Maße wertfundierte personale Wesen fähig. Es ist, krass gesprochen, schon ein hoher, alles bisherige zusammenfassender Wert, selbst böse sein zu können – und zwar genau derselbe Wert, wie gut sein zu können. Aber hieran gerade wird es klar, daß das Gutsein selbst darüber hinaus noch ein anderer und vollständig heterogener Wert ist, das Bösesein aber noch eine andere, den niederen Unwerten ebenso heterogene Gefahr. Das Offenstehen dieser Gefahr ist die wesenhafte Kehrseite der Fähigkeit zum Guten. Es gehört zum Grundwesen des sittlichen Seins. Es ist identisch mit der Bezogenheit auf Freiheit... Die Fähigkeit zum Bösen gehört notwendig zur Fähigkeit zum Guten, die nicht zugleich Freiheit zum Bösen wäre.

Ein satanisches Wesen mag das Böse um des Bösen willen wollen können. Der Mensch aber ist kein satanisches Wesen; sein Begehren bleibt eindeutig an die positive Seite der Wertreihen, an das im weiten Sinne Gute gebunden.

Die Rechtfertigung des Bösen in der Welt ist ein verkehrtes Beginnen. Das Böse ist nicht zu rechtfertigen und soll nicht gerechtfertigt werden. Das Wertwidrige wertvoll machen ist Wertfälschung. Solange es das Wertwidrige im Realen gibt, ist das der lebendige Beweis dafür, daß die ethischen Werte nicht schlechthin Seinskategorien sind, sondern nur sehr bedingter Weise.

Das Schuldbewußtsein ist etwas Spezielleres als die Verantwortung. Diese begleitet jeden sittlichen Akt; sie ist vor der Tat im Aufsichnehmen so gut wie nach der Tat im Tragen und Einstehen mit der Person.

Schuld aber gibt es nur als Folge, sie entsteht erst im sittlichen Vergehen. Ob man das Vergehen erst in der äußeren Handlung oder schon im Hinneigen der Einstellung erblickt, macht hier keinen Unterschied aus.

Das Schuldigsein an der bösen Tat kann niemandem abgenommen werden, weil es unabtrennbar ist vom Schuldigen – man müßte ihm denn das Schuldigsein selbst absprechen und ihm damit die sittliche Zurechnungsfähigkeit bestreiten...

Mit der sittlichen Freiheit hängt notwendig die Ewigkeit und Unaufhebbarkeit der Schuld zusammen. Die Schuld besteht notwendig solange fort, als Werte bestehen, die sie verdammen. Sie überlebt die Person, wie auch moralisches Verdienst sie überlebt. Niemand kann sich von seiner Schuld lossagen, wenn überhaupt er das sittliche Organ hat, sie zu empfinden. Es gibt moralisch wohl eine Überwindung des Bösen – durch Gutes, also zunächst wohl immer durch innere Umstellung –, aber nicht eine Vernichtung der Schuld als solcher.

Jede geltende Moral erkennt nur einige Werte, oder auch nur einen einzigen, den sie dann heraushebt, um alles übrige auf ihn zu beziehen. Jede geltende Moral hat also, wie einseitig sie auch sein mag, einen Wahrheitsgehalt. Denn ein Bruchteil wahrer Werterkenntnis ist in jeder, wie sehr sie einander auch zu widersprechen scheinen.

Für den moralisch Engen wird schließlich alles wertlos, selbst das an sich Wertvolle; für den Weitherzigen ist umgekehrt »alles« wertvoll, auch das an sich Wertwidrige. Es gibt eben keinen anderen Weg zur ethischen Reife und Weite, als den durch die Konflikte des Lebens selbst, durch die »sittliche Erfahrung« – auch die böse Erfahrung, und vielleicht diese am meisten. Hier ist die absolute Grenze der »Lehrbarkeit der Tugend«.

Das sittliche Leben ist Wagnis und erfordert Mut in allen Stücken. Neben dem Mut zur Tat steht der Mut zum Wort, zur eigenen Überzeugung, Meinung, der Mut zur Wahrheit, zum Bekenntnis, ja schon zum Gedanken; nicht weniger der Mut zum eigenen Selbst und seinem wahren Empfinden, zur Persönlichkeit, der Mut zum großen Gefühl, zur Liebe, zur schicksalhaften Leidenschaft (hier besonders gibt es die falsche Scham, Menschenfurcht, das feige Sichverstecken); ja, es gibt den Mut zum Leben, zum Erleben, zum Durchmachen und Auskosten, nicht weniger als den Mut zum Glück.

Ethik heute

Es gibt gegenwärtig keine neuere, zusammenfassende Darstellung des zeitgenössischen ethischen Denkens und der Fragen, die die Ethik – als Zweig der Philosophie – heute beschäftigen. Der Grund ist leicht einzusehen: die Philosophie selbst steckt in einer tiefen Krise. Während die Metaphysik im Altertum und die Theologie im Mittelalter der Ethik noch ein relativ sicheres Fundament boten, kann man das von der Erkenntnistheorie, die allmählich zur Grundwissenschaft der Neuzeit heranwuchs, nicht mehr behaupten. Mit der Erkenntnistheorie rückte immer mehr die Frage nach der Erkenntnismöglichkeit von Gut und Böse überhaupt in den Vordergrund. Nicht mehr, was gut oder böse sei, sondern wie man das Gute und das Böse erkennen könne, wurde dabei zur entscheidenden Frage.

Die Empiriker nahmen dabei an, die Erkenntnis von Gut und Böse entspringe aus der Erfahrung und habe ihre Grundlagen in einem moralischen Sinn, dem »moral sense«.

Die Rationalisten behaupteten demgegenüber, »daß alle sittlichen Begriffe a priori in der Vernunft ihren Sitz und Ursprung haben; daß sie von keiner empirischen und darum bloß zufälligen Erkenntnis abstrahiert werden können, und daß in dieser Reinigkeit ihres Ursprungs eben ihre Würde liege« (Kant).

Die Intuitionisten schließlich glaubten an eine moralische Institution, die dem Menschen in jedem Einzelfall die unmittelbare Erkenntnis des moralischen Wertes einer Handlung ermöglicht, ohne daß dazu eigentliche, ethische Gesetze nötig wären.

Diese drei Schulen bekämpften sich zwar, aber sie waren doch alle der Ansicht, daß es ein selbständiges Wissen im Bereich des Sittlichen gebe. Die heutige Krise der philosophischen Ethik zeigt sich darin, daß auch diese Gewißheit erschüttert ist.

Manches hat zu dieser Erschütterung des Vertrauens des Menschen in sich selbst und in seine Möglichkeiten beigetragen. Spätestens seit der experimentellen Psychologie im Sinne etwa der Analyse von Sigmund Freud werden der Begriff und die Vorstellung der Freiheit und des Gewissens relativ. Wenn die menschliche Seele tatsächlich, wie die Psychoanalyse feststellt, Einflüssen ausgesetzt ist und inneren Gesetzmäßigkeiten folgt, die über Generationen hinweg in die Vergangenheit zurückreichen, hält es schwer, ein Ethos zu verkünden und moralische Forderungen zu stellen, denen die Seele ohnehin nicht folgen kann. Auch Soziologie und Ethnologie, Anthropologie und Verhaltensforschung laufen als Wissenschaften vom Menschen einer normativen Ethik, die verbindliche Gesetze festlegen möchte, zuwider. Solange noch Verhaltensforschung getrieben wird, wird es nur sehr schwer möglich sein, Verhaltensregeln aufzustellen; und über mehr als einige sehr weit gefaßte Grundsätze wird man dabei nicht hinauskommen. Die Gefahr besteht hier natürlich vor allem darin, daß die wissenschaftlichen Untersuchungen – die für die Ethik aufschlußreich sind und von ihr sicher berücksichtigt werden müssen –, sich einmal selbst an die Stelle der Ethik setzen wollen. Praktisch: wenn der Mensch seiner Natur nach aggressiv ist, dann kann man es ihm wohl kaum verwehren, seine natürlichen Anlagen auch auszuleben.

Irgend »etwas« im Menschen sträubt sich gegen solch einfache Schlußfolgerungen: das weltweite Entsetzen über das Massaker von My Lai und der steigende Protest gegen die bekanntgewordenen Grausamkeiten in Vietnam sind Zeichen für das Vorhandensein und die Wirksamkeit dieses »etwas«. My Lai hätte nicht geschehen dürfen; so etwas darf nie wieder geschehen. Und doch weiß man, daß vielleicht morgen schon hier – und hier, das ist überall – Ähnliches denkbar ist und auch geschehen wird.

Selbstverständlich steht auch die Philosophie unter dem Eindruck solcher Erlebnisse, und die Erfahrungen zweier Weltkriege haben zudem die Traditionen des abendländischen Geistes in einem eher fragwürdigen

Licht erscheinen lassen; wenn alle Intelligenz, aller menschliche Geist, alle Philosophie so wenig ausrichten konnten, beginnt naturgemäß auch die Philosophie an sich selbst zu zweifeln und zu verzweifeln.

Die hier wiedergegebenen Zitate von Sartre, Adorno *und* Bloch *geben keinen Querschnitt, sie wollen auch nichts beweisen, es sind auch nicht unbedingt und ausgesprochen ethische Texte. Die Zitate geben lediglich etwas vom Geist dreier verschiedener Richtungen des zeitgenössischen Denkens wieder, und sie versuchen, etwas von den Schwierigkeiten zu vermitteln, die das Nachdenken über den Menschen, seine Situation, seine Möglichkeiten dem Philosophen bereiten.*

Jean-Paul Sartre *(1905–1980) geht es dabei vor allem um die menschliche Freiheit, die bei ihm als eine bloße Tatsache, nicht mehr als ein glänzendes Ideal gesehen wird. Der Mensch ist dazu verdammt, frei zu sein, und damit so strukturiert, daß er gar nicht anders kann, als willentlich und frei zu entscheiden. Diese Verpflichtung, frei und anders sein zu müssen, macht ihn »du trop«, setzt ihn außerhalb seiner selbst. Daraus resultiert jedoch nicht eine Philosophie der Verzweiflung, sondern der Versuch, einen neuen Humanismus ohne Gott dem Menschen einzuwurzeln.*

Theodor W. Adorno *(1903–1969) weiß – aus der Erfahrung des Zweiten Weltkriegs und seiner eigenen*

Existenz –, daß jede denkbare Utopie fragwürdig ist. Das heißt nun nicht, daß er sich von der Philosophie verzweifelnd zurückzieht, sondern nur, daß er sich den kleinen und kleinsten Dingen, Anlässen und Vorkommnissen zuwendet und hier versucht, der Wahrheit einen möglichen Schritt näher zu kommen. Grundsatz jeder Überlegung ist dabei, daß wir nie sagen können, was wahr (oder was gut) ist, sehr wohl aber, was nicht wahr, nicht gut, nicht schön ist. Dieses konsequente Durchdenken von Einzelheiten und Kleinigkeiten in der Form der grundsätzlich negativen Kritik heißt bei Adorno selbst »negative Dialektik«. Bezeichnenderweise hat er diesen Reflexionen denn auch den Titel Minima Moralia *gegeben.*

»Ernst Bloch (1885–1977) möchte den revolutionären Kern in der ganzen Bibel und vorzüglich im Christentum und den religiösen Kern im Marxismus freilegen, indem er in beiden weltgeschichtlichen Bewegungen das messianische Element aufzeigt« (Friedrich Heer). Wenn darin so etwas wie Ethik enthalten ist, dann der Glaube an die Erfüllbarkeit einer Utopie: eine Ethik in der Hoffnung.

Theodor W. Adorno

Festes Eigentum unterscheidet von der nomadischen Unordnung, gegen die alle Norm gerichtet ist; gut sein und Gut haben fallen von Anbeginn zusammen. Der Gute ist, der sich selbst beherrscht als seinen eigenen Besitz: sein autonomes Wesen ist der materiellen Verfügung nachgebildet. Nicht sowohl sind daher die Reichen der Unmoral zu zeihen – der Vorwurf gehört von je zur Armatur politischer Unterdrückung –, als ins Bewußtsein zu heben, daß sie den anderen die Moral darstellen. In ihr reflektiert sich die Habe. Reichtum als Gutsein ist ein Element des Kitts der Welt: der zähe Schein solcher Identität verhindert die Konfrontation der Moralideen mit der Ordnung, in der die Reichen recht haben, während zugleich andere konkrete Bestimmungen des Moralischen als die vom Reichtum abgezogenen nicht konzipiert werden konnten. Je mehr späterhin Individuum und Gesellschaft in der Konkurrenz der Interessen auseinandertreten, und je mehr das Individuum in sich selbst zurückgeworfen wird, um so sturer hält es an der Vorstellung vom moralischen Wesen des Reichtums fest. Er soll die Möglichkeit der Wiedervereinigung des Entzweiten von innen und außen verbürgen.

Wenn von einem Menschen vorgeschrittenen Alters gerühmt wird, er sei besonders abgeklärt, so ist anzunehmen, daß sein Leben eine Folge von Schandtaten darstellt. Aufregung hat er sich abgewöhnt. Das weite Gewissen installiert sich als Weitherzigkeit, die alles verzeiht, weil sie es gar zu gründlich versteht. Zwischen der eigenen Schuld und der der anderen tritt ein quid pro quo ein, das zugunsten dessen aufgelöst wird, der das bessere Teil davontrug.

Nach einem so langen Leben weiß man schon gar nicht mehr zu unterscheiden, wer wem was angetan hat. In der abstrakten Vorstellung des universalen Unrechts geht jede konkrete Verantwortung unter. Der Schuft wendet sie so, als ob es gerade ihm widerfahren wäre: wenn Sie wüßten, junger Mann, wie das Leben ist. Die aber schon mitten in jenem Leben durch besondere Güte sich auszeichnen, sind meist die, welche einen Vorschußwechsel auf solche Abgeklärtheit ziehen. Wer nicht böse ist, lebt nicht abgeklärt, sondern in einer besonderen, schamhaften Weise verhärtet und unduldsam. Aus Mangel an geeigneten Objekten weiß er seiner Liebe kaum anders Ausdruck zu verleihen als im Haß gegen die Ungeeigneten, durch den er freilich wiederum dem Verhaßten sich angleicht. Der Bürger aber ist tolerant. Seine

Liebe zu den Leuten, wie sie sind, entspringt dem Haß gegen den richtigen Menschen.

Liberalität, die unterschiedslos den Menschen ihr Recht widerfahren läßt, läuft auf Vernichtung hinaus wie der Wille der Majorität, die der Minorität Böses zufügt und so der Demokratie Hohn spricht, nach deren Prinzip sie handelt. Aus der unterschiedslosen Güte gegen alles droht denn auch stets Kälte und Fremdheit gegen jedes, die dann wiederum dem Ganzen sich mitteilt. Ungerechtigkeit ist das Medium wirklicher Gerechtigkeit. Uneingeschränkte Güte wird zur Bestätigung all des Schlechten was ist, indem sie seine Differenz von der Spur des Guten herabsetzt und auf jene Allgemeinheit nivelliert, die hoffnungslos auf die bürgerlich-mephistophelische Weisheit herauskommt, alles was besteht, sei wert, daß es zugrunde geht.

Jean-Paul Sartre

Der Mensch ist zuerst ein Entwurf, der sich subjektiv lebt, anstatt nur ein Schaum zu sein oder eine Fäulnis oder ein Blumenkohl; nichts existiert diesem Entwurf vorweg, nichts ist im Himmel, und der Mensch wird zuerst das sein, was er zu sein geplant hat, nicht was er wird sein wollen. Denn was wir gewöhnlich unter Wollen verstehen, ist eine bewußte Entscheidung, die für die meisten unter uns dem nachfolgt, wozu er sich selbst gemacht hat. Ich kann mich einer Partei anschließen wollen, ein Buch schreiben, mich verheiraten, alles das ist nur Kundmachung einer ursprünglicheren, spontaneren Wahl als was man Willen nennt. Wenn wirklich die Existenz der Essenz vorausgeht, so ist der Mensch verantwortlich für das, was er ist. Somit ist der erste Schritt des Existentialismus', jeden Menschen in Besitz dessen, was er ist, zu bringen und auf ihm die gänzliche Verantwortung für seine Existenz ruhen zu lassen. Und wenn wir sagen, daß der Mensch für sich selber verantwortlich ist, so wollen wir nicht sagen, daß der Mensch gerade eben nur für seine Individualität verantwortlich ist, sondern daß er verantwortlich ist für alle Menschen. Es gibt zweierlei Sinn in dem Wort Subjektivismus, und unsere Gegner arbeiten auf unehrliche Weise mit dieser Tatsache. Subjektivismus bedeutet einerseits Wahl des individuellen Subjektes durch sich selber, und andererseits Unmöglichkeit für den Menschen, die menschliche Subjektivität zu überschreiten. Dieser zweite Sinn ist der tiefere Sinn des Existentialismus. Indem wir sagen, daß der Mensch sich wählt, verstehen wir darunter, daß jeder unter uns sich wählt; aber damit wollen wir ebenfalls sagen, daß, indem er sich wählt, er alle Menschen wählt. Tatsächlich gibt es nicht *eine* unserer Handlungen, die, indem sie den Menschen schafft, der wir sein wollen, nicht gleichzeitig ein Bild des Menschen schafft, so wie wir meinen, daß er sein soll. Wählen, dies oder jenes zu sein, heißt gleichzeitig, den Wert dessen, was wir wählen, bejahen, denn wir können nie das Schlechte wählen. Was wir wählen, ist immer das Gute, und nichts kann für uns gut sein, wenn es nicht gut für alle ist.

Ebenso ist's auf dem moralischen Gebiet. Was Kunst und Moral gemeinsam haben, ist, daß wir in beiden Fällen Schöpfung und Erfindung vor uns haben. Wir können nicht a priori entscheiden über das, was zu tun ist. Ich glaube, Ihnen dies genügend gezeigt zu haben, indem ich zu Ihnen von dem Fall jenes Schülers sprach, der mich aufgesucht hat und der sich an alle Moralen, die kantische oder andere, wenden konnte, ohne dort irgendeine Art Anweisung zu finden; er sah sich genötigt, sein Gesetz selber zu erfinden [...] Der Mensch schafft sich, er ist nicht von Anfang an fertig geschaffen; er schafft sich, indem er seine

Moral wählt, und der Druck der Umstände ist derartig, daß er nicht anders kann, als eine wählen.

Wenn wir die Situation des Menschen als eine freie Wahl bestimmt haben, ohne Entschuldigungen und ohne Hilfe, so ist jeder Mensch, der in der Entschuldigung durch seine Leidenschaften Zuflucht sucht, jeder Mensch, der eine Vorausbestimmung erfindet, ein Mensch von schlechtem Willen. Man könnte einwenden: Aber warum sollte er nicht schlechten Willens sich wählen? Ich antworte, daß ich ihn nicht moralisch zu beurteilen habe, aber ich bestimme seinen schlechten Willen als einen Irrtum. Hier kann man einem Wahrheitsurteil nicht aus dem Wege gehen. Der schlechte Wille ist offenbar eine Lüge, weil er die totale Freiheit der Bindung verhehlt.

Auf derselben Ebene behaupte ich, daß es ebenso schlechter Wille ist, wenn ich wähle, zu erklären, daß gewisse Werte vor mir bestehen; ich bin im Widerspruch mit mir selber, wenn ich zu gleicher Zeit dieselben will und sage, daß sie sich mir auferlegen. Sagt man mir aber: Und wenn ich nun schlechten Willens sein *will?*, so antworte ich: Es gibt keinen Grund, daß Sie es *nicht* sind, aber ich erkläre, daß Sie es sind, und daß die Haltung strengen Zusammenhanges die Haltung der Gutgläubigkeit ist. Und ferner kann ich ein *moralisches* Urteil fällen. Wenn ich erkläre, daß die Freiheit durch jeden konkreten Umstand hindurch kein anderes Ziel haben kann, als sich selber zu wollen, wenn der Mensch einmal erkannt hat, daß er in Verlassenheit Werte setzt – dann kann er nur *eines* noch wollen, nämlich die Freiheit, als Grundlage aller Werte. Das bedeutet nicht, daß er die Freiheit als abstrakte will. Es will einfach heißen, daß die Handlungen der Menschen, die guten Willens sind, zur letzten Bedeutung das Streben nach Freiheit als solcher haben.

Ein Mensch, der sich irgendeiner kommunistischen oder revolutionären Gewerkschaft anschließt, will konkrete Ziele; diese Ziele schließen einen abstrakten Willen zur Freiheit ein; aber diese Freiheit will sich im Konkreten. Wir wollen die Freiheit um der Freiheit willen und durch jeden besonderen Einzelumstand hindurch. Und indem wir die Freiheit wollen, entdecken wir, daß sie ganz und gar von der Freiheit der anderen abhängt, und daß die Freiheit der andern von der unsern abhängt. Gewiß hängt die Freiheit als Definition des Menschen nicht vom andern ab, aber sobald ein Sichbinden vorhanden ist, bin ich verpflichtet, gleichzeitig mit meiner Freiheit die der andern zu wollen, und ich kann meine Freiheit nicht zum Ziel nehmen, wenn ich nicht zugleich die Freiheit der andern zum Ziel nehme.

Der dritte Einwand (gegen den Existentialismus) ist der folgende: Sie empfangen mit der einen Hand, was Sie mit der andern geben; das will heißen, daß die Werte im Grunde nicht ernst genommen werden können, weil Sie sie *wählen*. Darauf antworte ich: Es tut mir sehr leid, daß dem so ist; aber da ich Gottvater ausgeschaltet habe, muß es wohl jemanden geben, der die Werte erfindet. Man muß die Dinge nehmen, wie sie sind. Und übrigens zu sagen, daß wir die Werte erfinden, bedeutet nichts anderes als dies: das Leben hat a priori keinen Sinn. Ehe Sie leben, ist das Leben nichts, es liegt bei Ihnen, ihm einen Sinn zu verleihen, und der Wert ist nichts anderes als der Sinn, den Sie wählen. Daraus ersehen Sie, daß es eine Möglichkeit gibt, eine Menschengemeinschaft zu schaffen.

Aber es gibt einen andern Begriff des »Humanismus«, welcher im Grunde genommen dies bedeutet: Der Mensch ist dauernd außerhalb seiner selbst; indem er sich entwirft und indem er sich außerhalb seiner verliert, macht er, daß der Mensch existiert, und auf der andern Seite, indem er transzendente Ziele verfolgt, kann er existieren; der Mensch ist diese Überschreitung, und so befindet er sich im Herzen, im Mittelpunkt dieser Überschreitung. Es gibt kein anderes All als ein menschliches All, als das All der menschlichen Ichheit.

In diesem Sinne ist der Existentialismus ein Optimismus, eine Lehre der Tat, und nur aus Böswilligkeit können die Christen, ihre eigene Verzweiflung mit der unsern verwechselnd, uns zu Verzweifelten stempeln.

Ernst Bloch

Wenn christlich die Emanzipation der Mühseligen und Beladenen wirklich noch gemeint ist, wenn marxistisch die Tiefe des Reichs der Freiheit wirklich substanziierender Inhalt des revolutionären Bewußtseins bleibt und wird, dann wird die Allianz zwischen Revolution und Christentum in den Bauernkriegen nicht die letzte gewesen sein – diesmal mit Erfolg. Auf dem Schwert Florian Geyers, des großen Kämpfers aus dem Bauernkrieg, soll eingeritzt gewesen sein: nulla crux, nulla corona. Das wären auch die Stichworte eines sich unendlich unentfremdeten Christentums, und das noch weiterhin dringende, so unausgeschöpft Emanzipatorische darin gibt eben das Stichwort eines seiner tiefen Dimensionen einmal bewußt gewordenen Marxismus. Vivant sequentes; es vereinigen sich dann Marxismus und Traum des Unbedingten im gleichen Gang und Feldzugsplan. Das nicht mehr entfremdete Humanum, das Ahnbare, noch Ungefundene seiner möglichen Welt, beides steht unabdingbar im Experiment Zukunft, Experiment Welt.

Das Morgen im Heute lebt, es wird immer nach ihm gefragt. Die Gesichter, die sich in die utopische Richtung wandten, waren zwar zu jener Zeit verschieden, genauso wie das, was sie darin im Einzelnen, von Fall zu Fall, zu sehen meinten. Dagegen die Richtung ist hier überall verwandt, ja in ihrem noch verdeckten Ziel die gleiche; sie erscheint als das einzig Unveränderliche in der Geschichte. Glück, Freiheit, Nicht-Entfremdung, Goldenes Zeitalter, Land, wo Milch und Honig fließt, das Ewig-Weibliche, Trompetensignal im »Fidelio« und das Christförmige des Auferstehungstags danach: es sind so viele und verschiedenwertige Zeugen und Bilder, doch alle um das her aufgestellt, was für sich selber spricht, indem es

noch schweigt. Die Richtung auf dies materiell und nicht nur logisch Einleuchtende muß invariant sein; das ist an jedem Ort erkennbar, wo Hoffnung ihr Überhaupt aufschlägt und darin zu lesen versucht. Kein Zweifel allemal, und es wurde auch keiner daran gelassen: eine unerhellte, ungelenkte Hoffnung führt leicht nur abseits, denn der wahre Horizont reicht nicht über die Erkenntnis der Realitäten, aber gerade diese Erkenntnis, wenn anders sie marxistisch ist und nicht mechanistisch, zeigt die Realität selber als eine – des Horizonts – und die informierte Hoffnung als eine dieser Realität gemäße. Das Ziel insgesamt ist und bleibt noch verdeckt, das Überhaupt des Willens und der Hoffnung noch ungefunden, im Agens des Existierens ist das Licht seiner Washeit, seines Wesens, seines intendierten Grundinhalts selber noch nicht aufgegangen, und doch steht das Nunc stans des treibenden Augenblicks, des mit seinem Inhalt erfüllten Strebens utopisch-deutlich voran.

»Terminus«, sagt der unruhige Scholastiker Abälard, »est illa ciritas, ubi non praevenit rem desiderium nec desiderio minus est praemium«, Ziel ist jene Gemeinschaft, wo die Sehnsucht der Sache nicht zuvorkommt, noch die Erfüllung geringer ist als die Sehnsucht.

Nichts ist menschlicher als zu überschreiten, was ist. Daß Blütenträume fast selten reiften, ist lang bekannt. Die geprüfte Hoffnung weiß das besser als irgendwer; auch darin ist sie ja keine Zuversicht. Sie weiß vor allem auch, sozusagen per definitionem ihrer, daß nicht nur, wo Gefahr, auch das Rettende, sondern, wo das Rettende, auch Gefahr wächst. Sie weiß, daß das Vereitelnde als Funktion des Nichts in der Welt umgeht, daß auch ein Umsonst in der objektiv-realen Möglichkeit latent ist, die Heil wie Unheil unausgemacht in sich trägt. Der Weltprozeß ist noch nirgends gewonnen, doch freilich auch: er ist noch nirgends vereitelt, und die Menschen können auf der Erde die Weichensteller seines noch nicht zum Heil, aber auch noch nicht zum Unheil entschiedenen Wegs sein. Die Welt bleibt in ihrem Insgesamt das selber höchst laborierende Laboratorium possibilis salutis. Weshalb gesagt werden kann: »Ein Tag ist und bleibt auch weiter vorn, so unüberhörbar, daß selbst den Geiern und denen, die ihre Knie gebeugt haben vor dem Baal, vor der prometheischen Unsterblichkeit graut.« Heraklit aber sagt: »Wer das Unverhoffte nicht erhofft, wird es nicht finden.« Soviel hier über den Anruf, nach dem Menschsein in den transzendentalen Sinn, der es gründet, Überschreiten heißt. Der Anruf verträgt sich nicht schlecht mit der menschlichen Würde und öffnet den Zugang zu jenem Meer des objektiv-real Möglichen, das der Positivismus nicht austrocknen kann, die Spekulation nicht ungeregelt befahren soll. Item, die Hoffnung der Zukunft verlangt ein Studium, das die Not nicht vergißt und den Exodus erst recht nicht. Das Überschreiten hat viele Formen, die Philosophie sammelt und bedenkt – nil humani alienum – alle.

Bildnachweis

Lao Tse
Tao-Te-King
Neu ins Deutsche übertragen von
Hans Knospe und Odette Brändli
Mit einem Nachwort von Knut Walf
detebe 21875

Das *Tao-Te-King* von Lao Tse dürfte nach der Bibel das am weitesten verbreitete und meistübersetzte Buch sein. Und seitdem die Lehre vom Tao im Westen bekannt geworden ist, hat sie dort Menschen angesprochen und auch politische Wirkungen gezeigt.

»So haben nicht wenige in der Zeit des Nazi-Terrors im *Tao-Te-King* nicht nur Trost, sondern auch Weisung zu politischem Handeln gefunden. In den Flugblättern der *Weißen Rose* wurde Lao Tse häufig genannt und zitiert.
Die Taoisten sind nicht Meister großer oder vieler Worte. Ihre Weisungen sind knapp gehalten, oft bildhaft-konkret, voller Skepsis gegenüber dem menschlichen Erkenntnisvermögen, gegenüber angelerntem Wissen, voll Kritik und Logik.
Die drei gesellschaftlichen Alternativrichtungen unserer Zeit (für Entwicklung, Abrüstung und Umwelt) könnten insbesondere bei Lao Tse manche Anregung und Bestätigung empfangen. Er ist geradezu der Verkünder der Maxime *small is beautiful* und eines einfachen Lebens: ›Ein Land soll klein und dünn besiedelt sein. Sorge dafür, daß die Menschen, obwohl sie genug Waffen für eine Truppe oder ein Bataillon haben, sie nie gebrauchen.‹«   *Knut Walf in seinem Nachwort*

Epiktet
Handbüchlein der Moral und Unterredungen

Herausgegeben und mit einer Einführung
von Wolfgang Kraus. detebe 21554

In der Wirrnis unserer komplizierten Gegenwart ist dieses klare, von Innigkeit und überragender Vernunft durchdrungene kleine Werk, Grundlage der jüngeren stoischen Philosophie, eine Quelle der Wahrheit und gedanklichen Schönheit.

»Zu den Stoikern hatte ich schon früher einige Zuneigung gefühlt und schaffte mir nun Epiktet herbei, den ich mit voller Teilnahme studierte.«
Johann Wolfgang von Goethe

»Nie hat eine Lehre würdigere und zur Bildung guter Charaktere geeignetere Grundsätze aufgestellt als die Stoa.« *Montesquieu*

»Das muß der Leser im Sinn behalten, wenn er die Lebensweisheiten des Epiktet liest. Diese Askese hat nichts zu tun mit Enthaltsamkeit, die im Glauben an die Sündhaftigkeit des Fleisches ihren Ursprung hat.«
Ludwig Marcuse

Michel de Montaigne
Zum Zeitvertreib und um die
Phantasie zu tummeln
Aus den Essais gezogen von Karl Bernhard
detebe 21282

»Vormittag im Louvre. Ein herrlicher Vormittag. Ich hatte ein kleines Montaigne-Bändchen dabei, las aber nur zwischendurch darin, im Gehen und gerade so viel wie ich brauchte, um die glückhafte Erregtheit meiner Gedanken zu schüren.«   *André Gide*

Michel de Montaignes Essais sind sowohl Beiläufigkeiten als auch gegensätzliche, sich oft widersprechende Meinungen und Betrachtungen: zum Körper, zum Sterbenlernen, zu exotischen Wilden, Haushaltsfragen, Sokrates, zu der eigenen Lebensführung. *Karl Bernhard* hat es unternommen, wie in einem »Film, rapide und intensiv« *(Karl Krolow)*, Sätze aus Montaignes Essais in Aphorismen zu präsentieren und sie in ihrer ganzen Widersprüchlichkeit und Gegensätzlichkeit aufeinanderprallen zu lassen. Denn »gewiß, ich widerspreche mir zuweilen, der Wahrheit widerspreche ich nie.« (Montaigne) Im Sinne von André Gides Tagebuchnotiz wird Montaigne so zur tragbaren Fibel, ein Buch zur Welt.

Außerdem liegt vor:

Wilhelm Weigand
Michel de Montaigne
Eine Biographie. detebe 21283

»An deutschsprachiger Literatur zu Michel de Montaigne sei verwiesen auf den *Montaigne* von Wilhelm Weigand, der vor allem als Biographie wertvoll ist.« *Herbert Lüthy*

Friedrich Nietzsche
im Diogenes Verlag

Vom Nutzen und Nachteil
der Historie für das Leben
Herausgegeben und mit einem Nachwort
von Michael Landmann. detebe 21196

»Daß Historie, Hingabe der Gegenwart an das Vergangene, nicht ohne weiteres nur von Nutzen sei, ist eine Lehre, die uns nicht erst bei Nietzsche begegnet. Schon in der Renaissance empfehlen manche, man solle lieber als in geschriebenen Büchern im ewigen Buch der Natur lesen. Und der Aufklärung vollends gilt alles zeitlich Gewordene nur als bloße Kuriosität gegenüber dem vernunftmäßig zu Konstruierenden. Freilich ist das Motiv der Abwehr gegen die Historie für Nietzsche ein anderes. Nicht weil die durch sie zu gewinnende Erkenntnis gegenüber anderer Erkenntnis minderwertig wäre, sondern weil ihm die Substanz des Lebens selbst durch sie bedroht scheint, wendet er sich gegen sie und empfindet er sie sogar direkt als ein Werkzeug der Destruktion.« *Michael Landmann*

Brevier
Ausgewählt, herausgegeben und
mit einem Nachwort von Wolfgang Kraus
detebe 21550

»Ich schließe alle meine Briefe an meine Freunde mit: Lest Nietzsche!« *August Strindberg*

»Nietzsche ist, was sich immer deutlicher zeigt, der weitreichende Gigant der nachgoetheschen Epoche und seit Luther das größte deutsche Sprachgenie.« *Gottfried Benn*

Walter Nigg
im Diogenes Verlag

Große Heilige
Von Franz von Assisi bis Therese von Lisieux
Mit ausführlichem Quellennachweis
detebe 21459

Der reformierte Theologe, Schriftsteller und em. Professor für Kirchengeschichte Walter Nigg schildert in diesem vielgerühmten Werk das Leben und Wirken von elf Heiligen, zeigt, wie auch sie mit dunklen Mächten in sich zu kämpfen hatten und keineswegs immer Sieger blieben.

»Die nüchtern-klare Diktion Niggs rückt die mystischen Gestalten der Heiligen in die geistige Reichweite des modernen Menschen.« *Die Zeit, Hamburg*

Das Buch der Ketzer
Von Simon Magus bis Leo Tolstoi
Mit ausführlichem Quellennachweis
detebe 21460

Walter Nigg beschreibt in diesem Buch fromme, innerlich freie Gottes- und Wahrheitssucher, die sich von der Kirche getrennt haben oder von ihr ausgestoßen und als Ketzer verschrien worden sind. Er zeigt diese Häretiker als echt religiöse Menschen, die mit ihrer unabhängigen, nur Gott verpflichteten Haltung der Gegenwart Wesentliches zu sagen haben.

»Man spürt es kaum, daß Niggs Buch in Wirklichkeit von einer tiefen und umfassenden Gelehrsamkeit ist, denn es ist zugleich geschrieben mit der Glut eines wahrhaft Ergriffenen und doch mit nüchterner Klarheit, mit künstlerischem Sinn und intuitiver Begabung, so daß jede Zeile den Atem anschaulichster Lebendigkeit in sich trägt.« *Stuttgarter Zeitung*

Vom Geheimnis
der Mönche
Von Bernhard von Clairvaux bis Teresa von Avila
detebe 21844

Walter Nigg geht dem Geheimnis der großen Ordens-
gründer nach, erzählt aus dem Leben von Augustin,
Benedikt, Franziskus von Assisi, Bernhard von Clairvaux, Teresa von Avila, Ignatius von Loyola und vielen
anderen mehr. Dieses Werk macht uns bekannt mit den
großen Ordensgründern, die dem ewig-gleichen Ge-
tümmel einer lärmenden Welt Andacht und Inbrunst
gläubiger Herzen gegenüberstellen, der Zerstreuungs-
sucht der Vielen das Gesammelte der Wenigen.

»Einzig darum geht es Nigg: auf die Welt der Heiligen
hinzudeuten, auf den Reichtum aufmerksam zu machen, der hier verborgen liegt. Der Heilige ist zu allen
Zeiten eine überkonfessionelle Erscheinung gewesen.
Es bedeutet eine Verarmung, wenn man ihm im Protes-
tantentum kein Heimatrecht schenken will.«
Neue Zürcher Zeitung

Heilige und Dichter
detebe 22400

Walter Nigg veranschaulicht in diesem Werk zunächst
das Wesen der Heiligen an den konkreten Gestalten
von Augustinus, Konrad von Konstanz, Heinrich und
Kunigunde, Hildegard von Bingen, Albertus Magnus
und Thomas von Aquin. Der zweite Teil ist den Dich-
tern gewidmet. Mit Ausnahme von Nikolai Lesskow
gehören sie alle Niggs Generation an. Es sind Menschen, die dem Autor auf seinem Lebensweg persönlich begegnet sind, Menschen, die Dichtung noch als
etwas Göttliches inmitten eines schweren Lebens er-
fuhren.

»Walter Nigg ist gestorben. Doch mit seinen Büchern
wird dieser weitherzige Erkunder der Mannigfaltigkeit

christlicher Existenzmöglichkeiten wohl noch für eine unabsehbar lange Zeit gegenwärtig bleiben. Er wird fortwirken, weil er auch Leser anzusprechen vermag, die sich von den offiziellen Christentümern und einer zur ›zeitgeistlichen‹ Magd gewordenen Theologie enttäuscht abgewandt haben.«
Gerd-Klaus Kaltenbrunner

Das mystische Dreigestirn

Meister Eckhart, Johannes Tauler,
Heinrich Seuse
detebe 21933

Meister Eckhart, Johannes Tauler, Heinrich Seuse: diese drei nennt man das »mystische Dreigestirn«, das bei aller individuellen Eigenart doch wiederum eine Einheit bildet. Walter Nigg stellt ihr Leben und Werk dar. Er zeigt anhand dreier Beispiele von europäischer Bedeutung jene zeitlose Religiosität, welche ihre Kraft daraus schöpft, daß sie nicht etwas Erdachtes, sondern zutiefst Erlebtes ist.

Bücher, die
die Welt verändern,
im Diogenes Verlag

● **Also sprach der Erhabene**
Eine Auswahl aus den Reden Gotamo Buddhos. Übertragen von Karl Eugen Neumann
detebe 21443

● **Die Bergpredigt**
Ausgewählte Texte aus dem Neuen Testament
Mit einem Vorwort von H.G. Wells
Diogenes Evergreens

● **Ray Bradbury**
Fahrenheit 451
Roman. Aus dem Amerikanischen von Fritz Güttinger. detebe 20862

● **Anton Čechov**
Die Insel Sachalin
Ein Reisebericht. Aus dem Russischen von Gerhard Dick. detebe 20270

● **Albert Einstein &
Sigmund Freud**
Warum Krieg?
Ein Briefwechsel. Mit einem Essay von Isaac Asimov. detebe 20028

● **Ralph Waldo Emerson**
Essays
Herausgegeben und übersetzt von Harald Kiczka. Mit zahlreichen Anmerkungen und einem ausführlichen Index. detebe 21071

● **Franz von Assisi**
*Sonnengesang · Testament ·
Ordensregeln · Briefe · Fioretti*
in der Edition von Wolfram von den Steinen, deutsch von Wolfram von den Steinen und Max Kirschstein. detebe 20641

● **Victor Hugo**
Der letzte Tag eines Verurteilten
Aus dem Französischen und Vorwort von W. Scheu. detebe 21234

● **Immanuel Kant**
Deines Lebens Sinn
Eine Auswahl aus dem Gesamtwerk. Herausgegeben und mit einem Vorwort von Wolfgang Kraus. detebe 21552

● **Mohammed**
Die Stimme des Propheten
Aus dem Koran ausgewählt, herausgegeben und mit einem Vorwort von Wolfgang Kraus
detebe 21551

● **Michel de Montaigne**
*Zum Zeitvertreib und um
die Phantasie zu tummeln*
Aus den Essais gezogen von Karl Bernhard
detebe 21282

● **Thomas Morus**
Utopia
Aus dem Lateinischen von Alfred Hartmann
detebe 20420

● **Das Neue Testament**
Die Frohe Botschaft in der griechischen Urfassung, der lateinischen Vulgata, der Übersetzung von Martin Luther und der englischen King James Bible. detebe 20925

● **George Orwell**
Werkausgabe
in 11 Bänden. detebe 21134
Darin enthalten:
1984
Farm der Tiere

● **Andrej Sacharow**
Wie ich mir die Zukunft vorstelle
Memorandum über Fortschritt, friedliche Koexistenz und geistige Freiheit. Aus dem Russischen von E. Guttenberger. Mit einem Nachwort von Max Frisch. detebe 20116

● **Teresa von Avila**
Die innere Burg
in der Neuedition und -übersetzung von Fritz Vogelgsang. detebe 20643

● **Thomas a Kempis**
Die Nachfolge Christi
Ein kernhafter Auszug aus ›De imitatione Christi‹. Nach dem lateinischen Urtext bearbeitet und mit Anmerkungen herausgegeben von E.A. Kernwart. detebe 21487

● **Henry David Thoreau**
Walden oder das Leben in den Wäldern
Aus dem Amerikanischen von Emma Emmerich und Tatjana Fischer. Vorwort von Walter E. Richartz. detebe 20019

Über die Pflicht zum Ungehorsam gegen den Staat
Ausgewählte Essays. Herausgegeben, übersetzt und mit einem Nachwort von Walter E. Richartz. detebe 20063

● **Leo Tolstoi**
Krieg und Frieden
Roman in 4 Bänden. Aus dem Russischen von Erich Boehme. detebe 21970

● **Oscar Wilde**
Der Sozialismus und die Seele des Menschen
Ein Essay. Aus dem Englischen von Gustav Landauer und Hedwig Lachmann
detebe 20003

Philosophie und Theologie
im Diogenes Verlag

● **Also sprach der Erhabene**
Eine Auswahl aus den Reden Gotamo Buddhos. Übertragen von Karl Eugen Neumann
detebe 21443

● **Das Günther Anders Lesebuch**
Herausgegeben von Bernhard Lassahn
detebe 21232

● **Angelus Silesius**
Der cherubinische Wandersmann
Geistreiche Sinn- und Schlußreime. Herausgegeben und mit einem Nachwort von Erich Brock. detebe 20644

● **Heinrich Böll**
Worte töten, Worte heilen
Gedanken über Lebenslust, Sittenwächter und Lufthändler. Ausgewählt und zusammengestellt von Daniel Keel. detebe 21814

● **Luciano De Crescenzo**
oi dialogoi
Von der Kunst miteinander zu reden. Deutsch von Jürgen Bauer. detebe 21758

Also sprach Bellavista
Neapel, Liebe und Freiheit. Deutsch von Linde Birk. detebe 21670

Geschichte der griechischen Philosophie
Die Vorsokratiker. Deutsch von Linde Birk
detebe 21912

Geschichte der griechischen Philosophie
Von Sokrates bis Plotin. Deutsch von Linde Birk. detebe 21913

● **Friedrich Dürrenmatt**
Literatur und Kunst
Essays, Gedichte und Reden. detebe 20857

Philosophie und Naturwissenschaft
Essays, Gedichte und Reden. detebe 20858

Denkanstöße
Ausgewählt und zusammengestellt von Daniel Keel. Mit sieben Zeichnungen des Dichters. detebe 21697

● **Meister Eckehart**
Deutsche Predigten und Traktate
in der Edition von Josef Quint. detebe 20642

● **Ralph Waldo Emerson**
Natur
Essay. Neu aus dem Amerikanischen übersetzt von Harald Kiczka
Diogenes Evergreens

Essays
Herausgegeben und übersetzt von Harald Kiczka. Mit zahlreichen Anmerkungen und einem ausführlichen Index. detebe 21071

Repräsentanten der Menschheit
Sieben Essays. Deutsch von Karl Federn. Mit einem Nachwort von Egon Friedell
detebe 21696

● **Epiktet**
Handbüchlein der Moral
Herausgegeben und mit einer Einführung von Wolfgang Kraus. detebe 21554

● **Erasmus von Rotterdam**
Das Lob der Narrheit
Mit einem Nachwort von Stefan Zweig
detebe 21495

● **Konrad Farner**
Theologie des Kommunismus?
detebe 21275

● **Franz von Assisi**
Sonnengesang · Testament ·
Ordensregeln · Briefe · Fioretti
in der Edition von Wolfram von den Steinen, deutsch von Wolfram von den Steinen und Max Kirschstein. detebe 20641

● **Egon Friedell**
Steinbruch
Kleine Philosophie. Mit einem Vorwort des Autors und einem Nachwort von Wolfgang Lorenz. detebe 21987

● **Johann Wolfgang Goethe**
Gedanken und Aussprüche
Herausgegeben und mit einem Nachwort von Ernst Freiherr von Feuchtersleben. Nachwort von Hans Tabarelli. detebe 21673

Candide
oder Der Optimismus. Deutsch von Stephan
Hermlin. detebe 21948

● **Henri Walter**
Der Pelikan
Ein Maximilian-Kolbe-Roman. detebe 21793

● **Oscar Wilde**
*Der Sozialismus und die Seele des
Menschen*
Ein Essay. Aus dem Englischen von Gustav
Landauer und Hedwig Lachmann
detebe 20003